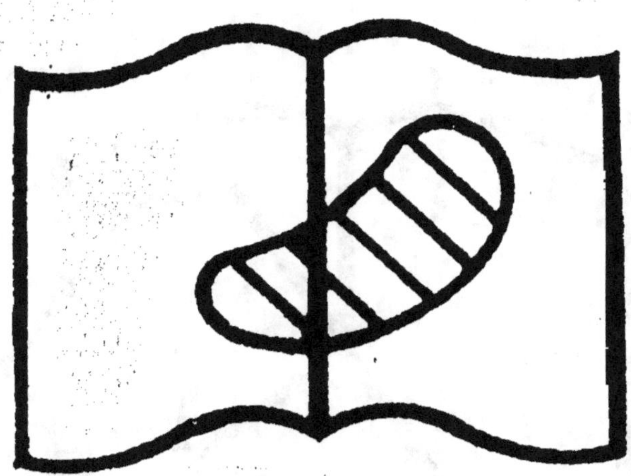

Illisibilité partielle

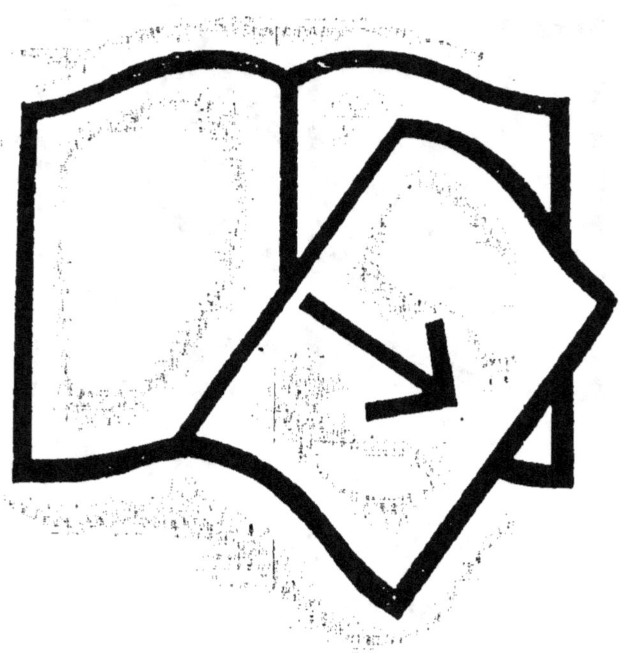

Couvertures supérieure et inférieure
manquantes

LE CHANGEMENT DE DIRECTION

DE LA QUATRIÈME CROISADE

D'APRÈS QUELQUES TRAVAUX RÉCENTS

TYPOGRAPHIE
EDMOND MONNOYER
AU MANS (SARTHE)

LE CHANGEMENT DE DIRECTION

DE

LA QUATRIÈME CROISADE

D'APRÈS

QUELQUES TRAVAUX RÉCENTS

PAR

Le Comte RIANT.

(Extrait de la *Revue des questions historiques*. — Janvier 1878.)

PARIS

LIBRAIRIE DE VICTOR PALMÉ, ÉDITEUR

Rue de Grenelle-Saint-Germain, 25

—

1878

LE CHANGEMENT DE DIRECTION

DE

LA QUATRIÈME CROISADE

D'APRÈS QUELQUES TRAVAUX RÉCENTS

Sans avoir la prétention de ranger au nombre des questions qui passionnent, la recherche des causes qui firent changer de direction la quatrième croisade, il est difficile de ne point constater que, dans ces derniers temps, cette recherche a soulevé, de chaque côté du Rhin, une polémique suffisamment animée.

Les lecteurs de la *Revue des questions historiques*, qui ont eu, pour ainsi dire, la primeur de ces débats [1], me sauront peut-être gré de leur en faire suivre la marche ultérieure.

Je reviendrai d'abord, et pour un instant seulement, au point de départ de la question.

En 1873, M. de Wailly, qui préparait la grande édition de Villehardouin que nous avons tous maintenant entre les mains, lisait à l'Académie des inscriptions les savants commentaires qui accompagnent cette édition [2]. Prenant fait et cause pour l'historien champenois, il cherchait à en mettre, aux dépens de Clari et des autres chroniqueurs contemporains,

---

[1] *Innocent III, Philippe de Souabe et Boniface de Montferrat; examen des causes qui modifièrent, au détriment de l'empire grec, le plan primitif de la quatrième croisade*, t. XVII, pp. 321-374, et t. XVIII, pp. 5-75 (livr. des 1ᵉʳ avril et 1ᵉʳ juillet 1875).

[2] Villehardouin, édit. Wailly (Paris, Didot, 1874, in-8°), pp. 429-464.

l'autorité au-dessus de toute discussion, et s'appuyait ensuite sur ce fondement, désormais inébranlable à ses yeux, pour montrer, dans le fameux changement de direction de la croisade, une conséquence fortuite des événements antérieurs; M. de Mas Latrie [1], qui avait, sur le témoignage d'Ernoul [2], attribué ce changement à une trahison de Venise, achetée par le sultan d'Égypte, se voyait accusé, sinon de calomnie historique, du moins d'une hardiesse de jugement voisine de la témérité.

Ne pouvant me dissimuler tout ce que la thèse de M. de Wailly paraissait avoir d'exclusif, je me hasardai à la combattre, en consacrant un travail spécial à l'examen des causes qui avaient, à mon sens, modifié le plan primitif de la quatrième croisade. Je cherchai à établir, avec M. E. Winkelmann [3], que cette modification n'avait été qu'un épisode de la querelle séculaire du Sacerdoce et de l'Empire, tandis qu'au cours du récit, je battais en brèche, sur plus d'un point, l'autorité de Villehardouin, que, d'accord avec Du Cange, je prenais souvent en contradiction avec la correspondance officielle de la chancellerie pontificale. Incidemment enfin je défendais, avec Karl Hopf [4], le témoignage d'Ernoul et les assertions incriminées de M. de Mas Latrie, de façon à donner une nouvelle vie à l'hypothèse de la trahison vénitienne. On n'a pas oublié la protestation très-vive dont M. de Wailly honora publiquement son contradicteur [5], et la courte réponse que ce dernier crut devoir y faire [6]. Les débats paraissaient clos : ils ne faisaient en réalité que commencer.

Si l'infaillibilité de Villehardouin n'a point encore trouvé le défenseur que lui souhaitait M. de Wailly, la thèse générale de l'intervention allemande n'a pas été acceptée sans réserve de l'autre côté du Rhin. Après avoir rencontré d'abord

[1] Mas Latrie, *Histoire de Chypre*, t. I, pp. 161-164.
[2] Ernoul, édit. Mas Latrie, pp. 345-346.
[3] E. Winkelmann, *Philipp v. Schwaben*, t. I, pp. 525-528.
[4] Dans Ersch et Gruber, *Encyclopedie*, t. LXXXV (Leipzig, 1867, in-4°) p. 188.
[5] *Revue des questions historiques*, t. XVIII, p. 576 (1er octobre 1875); cette protestation a été lue à l'Académie des inscriptions le 10 septembre 1875; — M. Julien Havet, qui en a rendu compte dans la *Revue critique* (1875, t. II, p. 191), a pris soin d'en accentuer le fond et la forme.
[6] *Revue des questions historiques*, t. XIX, p. 300 (1er janvier 1876).

les objections courtoises de M. Thomas [1], elle provoquait plus tard la publication d'un travail considérable du docteur Streit [2], travail tendant à transporter à Venise le rôle prépondérant que j'avais assigné à l'Allemagne, tandis qu'une petite étude littéraire de Karl Hopf [3], sur Boniface de Montferrat et le troubadour Rambaud de Vaqueiras, était présentée comme une protestation posthume du regrettable historien contre mes conclusions.

Presque en même temps, un organe important de l'érudition historique ouvrait ses pages à une dissertation de M. Hanotaux [4], sur le point secondaire de la trahison vénitienne, et Ernoul retombait plus bas encore que ne l'avait mis M. de Wailly.

Enfin, en dehors même de ces discussions, apparaissait un mémoire [5] qui y touchait de trop près pour ne point prendre forcément sa place dans une polémique, dont l'auteur, le docteur Klimke, était resté d'ailleurs totalement ignorant.

Ce sont ces divers travaux que je vais passer en revue, me réservant de résumer ensuite, avec toute l'impartialité désirable, l'état de la question.

I

Je commencerai par le mémoire de M. Klimke, qui est le plus ancien en date et en même temps le plus général.

Sous un titre qui aurait pu être plus précis : *Les sources de l'histoire de la quatrième croisade*, M. Klimke, qui paraît débuter dans les études historiques, a réuni en réalité deux œuvres très-distinctes : un examen de quelques-uns des témoignages relatifs à son sujet, et un essai de chronologie des événements

---

[1] *D. Doge H. Dandolo und der Lateinerzug gegen K. P.*, d. l'*Allg. Zeitung* Beil. nⁿ 356 (22 décembre 1875).

[2] Dʳ L. Streit, *Venedig und die Wendung Kreuzzuges gegen K. P.* (Anklam, Krüger, 1877), 50 pp. in-4⁰.

[3] K. Hopf, *Bonifaz von Montferrat und der troubadour Rambaut von Vaqueiras*, publié par L. Streit (Berlin, Habel, 1877), 40 pp. in-8⁰.

[4] Hanotaux, *Les Vénitiens ont-ils trahi la chrétienté en 1202*, dans la *Revue historique*, t. IV, pp. 73-102 (mai-juin 1877).

[5] Dʳ Klimke, *Die Quellen zur Geschichte d. IV Kreuzzuges* (Breslau, Aderholz, 1875), 106 pp. in-8⁰.

de 1198-1205. Je m'occuperai d'abord de la première. Comme je viens de le dire, M. Klimke n'y traite que de *quelques-unes* des sources de l'histoire de la quatrième croisade : en premier lieu, il met de côté tous les témoignages non contemporains des événements ; en second lieu (s'il faut en croire un aveu qui ne donnerait pas une haute idée des ressources bibliographiques que peut offrir l'université de Breslau) [1], l'auteur a été obligé de négliger, entre beaucoup d'autres, tous les documents italiens, n'ayant pu avoir à sa disposition ni Muratori, ni l'*Archivio storico italiano*. Il résulte de cette lacune regrettable, que son travail n'a aucun titre à être considéré comme complet ; il n'en a pas moins, en tant qu'étude limitée de critique littéraire, une valeur intrinsèque réelle, et un mérite subjectif d'autant moins discutable que M. Klimke disposait de matériaux plus défectueux, et était plus étranger à la bibliographie de son sujet : ce travail est, en tout cas, très-supérieur à tout ce qui a paru jusqu'ici sur le même sujet [2].

M. Klimke a divisé en cinq classes les documents qu'il se proposait d'étudier : sources françaises ou flamandes, pontificales, allemandes, vénitiennes et grecques. Il partage ensuite les sources françaises en sources de premier rang, comprenant d'abord : les témoignages *privés*, Villehardouin et Clari ; puis les quatre lettres *officielles* des croisés et les débris d'une *Relation* citée par Albéric ; et en sources de second rang : Ernoul, le *Balduinus Constantinopolitanus*, et les *Annales de Cologne*. Les sources pontificales comprennent, suivant lui : les *Gestes d'Innocent III* et Pierre de Vaux-de-Cernay ; les sources allemandes : Günther, la *Devastatio Constantinopolitana*, l'Anonyme de Halberstadt et Sicardi de Crémone ; Venise, pour la raison alléguée plus haut, est passée sous silence. Nicétas, Georges Acropolite, la *Chronique de Novgorod* et Ibn el-Athir sont rangés au nombre des sources grecques (*sic*).

Il y aurait fort à dire sur cette classification : ainsi Villehardouin est un témoignage officiel et non privé ; les *Annales de*

---

[1] La typographie de Breslau paraît à la hauteur des bibliothèques de cette ville : chaque page du mémoire contient cinq ou six *coquilles* lamentables : *Salernitana* pour *Salonitana; Columba, Persane,* pour *Cernuanceau, Perseigne;* et il y a 2 pages d'errata sur 103 de texte!

[2] Hopf, *De historiæ ducatus Atheniensis fontibus* (Bonn, 1853, in-8°), et Streit, *Comm. de auctoribus IV sacræ exped.* (Putbus, 1863, in-4°).

Cologne ne sont pas d'origine flamande, et Ernoul est une source syrienne, et non française : faire de Sicardi un témoignage allemand et de la *Chronique de Novgorod* un document grec, laisse à désirer comme exactitude. Je ne parlerai que pour mémoire du silence gardé sur des textes très-importants, comme le récit inséré dans la chronique de Robert Abolant [1], ceux de l'Anonyme de Laon, des *Gesta Trevirorum*, d'Ogerio Pane, et surtout la source par excellence de l'histoire de tous ces événements, la correspondance d'Innocent III.

Ces réserves faites, et étant données les limites restreintes, fixées par l'auteur à son propre travail, je reconnaîtrai volontiers qu'il a étudié avec soin les documents dont il parle, et trouvé à faire, sur la plupart d'entre eux, des remarques tout à fait nouvelles et des rapprochements ingénieux. Il a soin, de plus, d'établir, pour chaque texte, la liste exacte, d'abord des faits particuliers qui ne se trouvent point dans les autres, puis des documents diplomatiques, perdus ou non, que l'auteur a pu avoir entre les mains. Il est moins heureux, ou plutôt moins clair, dans le travail de comparaison qu'il entreprend entre chacun des témoignages qu'il étudie, et ceux qu'il a déjà passés en revue ou qu'il se propose d'examiner plus tard. Ce système l'entraîne à des redites, et rend difficile l'usage de son mémoire pour un auteur déterminé, — l'opinion du critique se trouvant à la fois concentrée dans l'article spécial consacré à cet auteur, et disséminée dans tous les autres. M. Klimke abuse aussi du système allemand des rapprochements sur deux colonnes, appliqués à des textes d'origine tout à fait diverse. Il aura beau (pp. 50 et 77) grouper ainsi des phrases empruntées à des témoignages venus des quatre coins de l'Europe, il ne convaincra pas le lecteur qu'Ibn el-Athir, par exemple, et la *Chronique de Novgorod* ont consulté une source commune, parce qu'ils racontent, à peu près dans les mêmes termes, un événement identique.

M. Klimke consacre à Villehardouin et à Clari les premières pages et les plus importantes de son travail : bien qu'il donne prise au soupçon de ne pas posséder parfaitement l'intelli-

---

[1] Sans parler, bien entendu, de tous les textes que j'ai étudiés dans un Mémoire lu aux Antiquaires de France, 1875, t. XXXVI, pp. 1-214, et réunis sous le titre d'*Exuviæ sacræ Constantinopolitanæ* (Genève, 1876-1877, 2 vol, in-8°).

gence du français du Moyen Age et d'avoir lu Villehardouin plutôt dans la version de Du Cange que dans l'original, cependant je n'hésite pas à dire que c'est certainement la meilleure étude comparée à laquelle ces deux chroniqueurs aient encore donné lieu. Je reprocherai seulement à M. Klimke quelques hypothèses un peu risquées : ainsi (p. 7) il suppose, avec Hopf, que Clari est resté en Orient pendant tout le règne de l'empereur Henri, et que, si le chevalier picard ne donne sur l'histoire de ce prince que de maigres renseignements, il faut l'attribuer à la mort d'Alleaume de Clari, clerc amiénois, son frère, sans l'aide duquel il n'aurait pu achever sa chronique. Or nous savons que Clari revint à Corbie le 17 juin 1213[1], et il n'est question nulle part de la mort d'Alleaume, dont cette collaboration prétendue à l'œuvre fraternelle est tout à fait imaginaire.

La notice consacrée par M. Klimke à Albéric est également très-intéressante, bien qu'il se trompe en attribuant (p. 31) à Du Cange l'identification entre l'un des récits cités par le moine de Neufmoustier, et l'*Histoire de la translation des reliques de Soissons* [2]. Du Cange connaissait cette *Histoire*, qu'il cite quatre fois dans ses *Notes à Villehardouin* [3], et n'aurait pu faire une semblable confusion, qu'il faut restituer à Dom Brial [4]. M. Klimke n'a pas, du reste, la main heureuse, quand il cherche, soit à signaler, soit à retrouver des documents perdus. J'ai montré ailleurs [5] que l'existence d'un *Mémoire* justificatif du changement de direction de la quatrième croisade, mémoire dont M. Klimke (p. 52) attribue la rédaction à l'abbé de Locedio, ne peut soutenir la discussion : L'*Historia Francorum*, consultée par André Dandolo, ne saurait pas plus être identifiée avec Ernoul, ou avec le *Balduinus Constantinopolitanus*, que l'*Historia Venetorum*, également perdue, avec Martino da Canale [6]. Enfin chacun sait quelle justice on a fait de la fameuse *Historia Monferratensis*, inventée par M. Dove,

---

[1] Voir le *Mémoire* cité plus haut, pp. 170-172.
[2] J'ai publié cette *Histoire* dans les *Exuviæ C. P.*, t. I, pp. 3-9.
[3] Pp. 257, 315, 340, 345.
[4] *Historiens de France*, t. XVIII, p. 767 n. ; voir *Exuviæ C. P.*, præf. p. LIII.
[5] *Exuviæ C. P.*, præf., pp. XXV, XC.
[6] *Ibid.*, p. XXXIII-XXXV (Sources perdues de l'histoire de la quatrième croisade).

et que M. Klimke accepte (p. 64) comme acquise à la science [1].

Avec Günther, M. Klimke se retrouve sur un terrain plus solide, et bien qu'il n'y ait pas lieu d'admettre la division qu'il veut introduire (p. 48) dans l'œuvre du moine alsacien, toute cette partie du mémoire est traitée d'une manière originale et intéressante. M. Klimke me permettra seulement de ne pas accepter ses conclusions (pp. 45 et 50) sur l'impossibilité de faire arriver Alexis IV à Haguenau en juillet 1201 : je pense qu'il ne serait pas difficile de lui renvoyer, sur ce point, la phrase peu polie qu'il adresse au professeur Winkelmann (*hat sich gröblich täuschen lassen*). Je protesterai également contre la façon dont il interprète les textes (p. 53, n.) à l'endroit de la complicité d'Innocent III, et contre les doutes qu'il émet (p. 56) sur les reliques de Pairis, qui ont existé certainement, telles que les décrit Günther, et ailleurs que dans l'imagination de l'abbé Martin [2].

La *Devastatio* est étudiée avec soin par M. Klimke : mais, renonçant aux autres sources italiennes, il eût mieux fait de ne pas parler du tout de Sicardi, que de consacrer à ce chroniqueur une aussi maigre notice.

Cette première section du mémoire se termine par l'étude des sources grecques (lisez : diverses). Nicétas y est l'objet d'une critique attentive et souvent heureuse : mais je n'en dirai pas autant de la *Chronique de Novgorod*; le point de départ de M. Klimke (p. 71) est mauvais : l'original de la *Chronique* n'est point grec, comme il le prétend; il suffit d'en lire dix lignes pour s'en assurer. C'est un document de première main, et le nombre des Russes qui fréquentaient, vers cette époque, la ville impériale, peut permettre de supposer que le récit de Novgorod émane d'un témoin oculaire [3].

Je me suis un peu écarté, dans cet examen, des discussions relatives au changement de direction de la quatrième croisade; la seconde partie du travail de M. Klimke — la chronologie des événements de 1198 à 1205 — va m'y ramener. Rien n'est plus utile que ce genre d'étude, rien n'est plus difficile à

---

[1] *Jenaer Lit. Zeitung*, 1874, pp. 456 et suiv.

[2] Elles n'ont disparu qu'à une époque relativement récente : voir mon *Mémoire*, pp. 195, 210.

[3] Voir Ἐξουίαι C. P., præf., p. ccvu.

bien faire. Jusqu'à présent le seul essai qui eût été tenté dans ce sens, pour cette période de l'histoire des croisades, était la partie correspondante de la *Chronographie Byzantine* de M. de Muralt : cet érudit qui avait réussi à classer dans un cadre assez rigoureux, les faits embrouillés des premiers siècles des annales byzantines [1], s'était heurté, avec les témoignages latins, à des difficultés qui ne l'avaient pas trouvé suffisamment préparé, et dont la seconde partie de son livre [2] porte la trace : l'inexactitude et le manque de clarté en sont les moindres défauts. M. Klimke, qui ne semble pas, du reste, avoir eu connaissance de l'œuvre de son devancier, a fait, du premier coup, beaucoup mieux que lui. N'opérant, il est vrai, que sur un nombre restreint de témoignages, et ne se servant pas de la correspondance pontificale, il n'est pas complet ; mais les déductions, à l'aide desquelles il a établi indirectement un grand nombre de dates, sont ingénieuses, et l'ensemble de son travail, d'une utilité indiscutable. Je ne me séparerai de lui que sur quelques points, et en particulier sur celui dont je parlais tout à l'heure : l'époque de la fuite et de l'arrivée en Allemagne du jeune Alexis [3]. Pour le reste des événements, il y a lieu d'adopter presque entièrement ses conclusions, qui, dans la discussion actuelle, ont une grande importance ; car, ainsi que je l'ai montré dans mon premier travail, la chronologie minutieuse, poussée jusqu'aux dates de jour, occupe dans la question du changement de direction de la croisade, une place importante ; et il n'est pas sans intérêt de voir un érudit, tout à fait étranger au débat, arriver précisément, à l'aide des textes eux-mêmes et sans aucune idée préconçue, aux résultats que j'avais cru devoir formuler.

---

[1] *Essai de chronographie byzantine* (St-Pétersb., 1855, in-8°).

[2] *Ibid.*, 2° part. (Bâle, 1871, in-8°).

[3] M. Streit, dans le mémoire dont je vais m'occuper, relève (note 185) une soi-disant erreur de M. Klimke (pp. 82-84) relative à la date d'ambassades échangées entre Venise et C. P. ; l'un et l'autre peuvent avoir raison ; il serait trop long de l'expliquer.

II

Je me hâte, du reste, de quitter, avec M. Klimke, des considérations qui regardent davantage l'histoire générale des événements de 1204, que celle du point en litige, et de rentrer, avec M. Streit, dans le cœur de la discussion. Mais je dois auparavant mentionner l'opinion d'un homme qui s'est placé, par ses travaux, au premier rang des historiens de Venise et de Byzance : M. le docteur Thomas ne pouvait rester étranger à une polémique relative à des sujets qu'il avait plus d'une fois abordés [1], et incidemment à des pièces mises par lui-même au jour.

Examinant, dans l'article que j'ai signalé plus haut, la question à un point de vue fort élevé, et rejetant la théorie commode des causes fortuites, l'éminent éditeur des chartes vénitiennes reconnaît la place que les événements précurseurs de la quatrième croisade doivent désormais occuper dans l'histoire générale de l'Europe, et surtout dans celle de la rivalité du Sacerdoce et de l'Empire ; mais, s'écartant ensuite de la thèse que j'ai soutenue, il veut que toutes ces intrigues aient eu pour *cheville ouvrière* presque unique, Henri Dandolo, acteur principal d'un drame, dont le pape, le roi des Romains et les chefs de la croisade n'auraient été que les comparses [2].

C'est cette opinion qui a servi de point de départ à M. Streit, pour le travail considérable que je vais examiner maintenant.

M. le Dr Streit, déjà connu par quelques travaux d'histoire littéraire sur les chroniqueurs des croisades, est devenu, depuis deux ans, l'heureux possesseur de la bibliothèque et des papiers de Hopf, qui ont passé des mains d'héritiers inintelligents dans celles d'un homme parfaitement capable de

---

[1] En particulier dans son mémoire intitulé : *Die Stellung Venedigs in d. Weltgesch.* (Munich, 1864, in-4°), pp. 13-14.

[2] Sur le point particulier de l'entente de Venise avec l'Egypte, M. Thomas a adopté, avec quelques réserves, les conclusions du comte de Mas Latrie et de K. Hopf.

mettre ce trésor en valeur [1]. Parmi ces papiers se trouvait, entre autres œuvres posthumes du regrettable historien, une *Histoire de la quatrième croisade* presque terminée, et dont M. Streit a entrepris la publication. Mais, en attendant qu'il puisse mettre au jour ce travail considérable, M. Streit se sert des précieux matériaux [2] qu'il a acquis, pour élaborer une série d'études personnelles, qu'ouvre le mémoire que je me propose d'examiner.

Sous le titre de *Venise et le changement de direction de la qua-trième croisade*, le savant recteur du collége d'Anklam con-sacre cinquante pages grand in-4°, d'un caractère très-serré, à la question qui nous occupe. Je dois dire que la lecture de cette dissertation est fatigante : obéissant à une mode typo-graphique, toute récente de l'autre côté du Rhin, M. Streit a rejeté à la fin de son travail les *deux cent cinquante* longues notes que comporte le texte proprement dit : commode pour la mise en pages, permettant de compléter après coup les ren-vois, ce système, que l'on comprendrait à la rigueur pour des livres destinés à servir de modèles d'éloquence, rend inextri-cable l'étude d'une discussion souvent plus érudite que claire, et qu'il faut suivre, en sautant à chaque instant d'un point du mémoire au renvoi qui le développe ou l'explique.

Cette réserve faite, je passe à l'examen du travail lui-même. il peut se diviser en trois parties : un préambule de cinq pages, où le commencement de la polémique est résumé avec impartialité ; puis un long récit chronologique des rapports mutuels de l'Italie avec les deux empires de Byzance et d'Allemagne; ce morceau capital occupe, avec les notes cor-respondantes, plus des deux tiers du mémoire : le reste seul (à peu près 8 pages) est consacré au sujet énoncé sur le titre ; puis l'auteur s'arrête court, au début même de l'expédition, se gardant de chercher dans les événements subséquents, un contrôle et une confirmation des hypothèses que les faits anté-

---

[1] Je ne donnerai qu'une faible idée de l'importance de ces papiers pour l'histoire de l'Orient latin, en rappelant que, pendant treize ans, Hopf n'a point quitté les dépôts publics et privés de l'Italie et de l'Orient, copiant sans cesse tout ce qui se rapportait à ses études, qu'il a fait alors les découvertes les plus précieuses, et que les pièces reproduites ainsi par lui dépassent le nombre de plusieurs milliers.

[2] M. Streit le reconnaît lui-même loyalement plusieurs fois, en particulier pp. 5 et 40.

rieurs lui ont suggérées. Un appendice formé de cinq longs paragraphes, termine le travail.

Pour exposer et discuter utilement tous les faits, toutes les inductions, tous les rapprochements que M. Streit a condensés dans ce cadre, un numéro entier de la *Revue* ne suffirait pas; il y faudrait un ouvrage en plusieurs volumes, et comme il le dit lui-même (p. 5), une histoire détaillée de la quatrième croisade, faite à nouveaux frais, et reprenant une à une toutes les questions qu'il n'a pu qu'aborder. Je n'ai pas la prétention d'entrer dans cette voie : je me contenterai donc de chercher à guider le lecteur dans le savant labyrinthe où l'attire M. Streit, en suivant rapidement l'exposé chronologique qui forme la seconde et la plus importante partie de son travail, et discutant ensuite quelques-unes des assertions groupées dans la troisième [1].

Si l'on veut bien se reporter pour un instant au chapitre où — dans le dessein de montrer que l'ingérence de Philippe de Souabe dans les affaires de la quatrième croisade n'avait été qu'une suite de la politique traditionnelle des Hohenstauffen, — j'ai esquissé rapidement les origines de la question [2], on n'aura qu'une image très-pâle de l'exposé lumineux, concluant, bourré de faits, que M. Streit (pp. 6-30) consacre au même sujet : les témoignages de l'Europe entière sont invoqués par lui; pas un événement n'est oublié, si bien qu'après l'avoir lu, on vient à se demander comment Byzance, — la croisade n'eût-elle pas été aux mains des Vénitiens, ou même eût-elle simplement avorté à son berceau, — comment Byzance, dis-je, aurait pu échapper à la revanche forcée que se préparait à prendre de ses trahisons la haine séculaire des Allemands. Il faudrait reproduire en entier toute cette argumentation si nourrie, si féconde en rapprochements ingénieux; j'en noterai seulement les traits principaux.

Nous remontons à la première croisade, et nous assistons aux préludes de l'opposition, tantôt sourde et tantôt éclatante, que Constantinople doit toujours faire aux armées de la Croix et plus spécialement aux contingents germaniques. Les

[1] C'est à dessein que je passerai ici sous silence tout ce que M. Streit dit de l'entente de Venise avec l'Égypte, entente sur laquelle je vais revenir à propos du travail de M. Hanotaux.

[2] *Revue des questions historiques*, t. XVII, pp. 340-346.

intrigues des empereurs d'Orient en Italie commencent; et, par contre, commencent aussi les représailles exercées à leur passage à Byzance par les Latins, soit en 1097 (p. 7), soit en 1147 (p. 10). Les projets de Frédéric Ier contre Manuel Comnène, projets pour lesquels il trouvait à ses côtés les flottes de Pise et de Gênes, mais auxquels Venise (qui apportait au contraire en 1190 des secours à Constantinople) *voulut rester étrangère*, sont ensuite exposés par M. Streit (pp. 18-20) avec la même érudition. Mais c'est surtout quand il en arrive à Henri VI (pp. 23-24) qu'il se surpasse; développant, à l'aide d'un véritable arsenal de textes, la politique altière de ce prince, il nous le montre arrêté seulement par la mort, au moment où, déjà suzerain incontesté de deux des anciennes provinces asiatiques de l'empire d'Orient, — l'île de Chypre et l'Arménie [1], — il allait fondre sur Constantinople, qui n'avait jamais couru de danger plus redoutable [2], et ceindre, d'une main sûre, la double couronne que lui promettaient d'antiques prophéties, tandis que Venise, terrrifiée, refusait, pour la première fois, à la cour de Byzance un secours solennellement promis par les traités.

Si, poursuivant la lecture du travail de M. Streit, on arrive enfin à la quatrième croisade, on retrouve, l'une après l'autre, bien que groupées différemment, la plupartdes assertions quej'ai émises dans les chapitres III et IV de mon travail [3]. Sans me suivre pied à pied, M. Streit refait parallèlement l'histoire des négociations de 1202-1204, ajoutant encore au bagage de textes dont je m'étais entouré, et ne se séparant de moi que sur certains points secondaires, sur lesquels je vais revenir. Ne doit-on pas naturellement s'attendre à le voir, après avoir si bien développé mes prémisses, arriver, en l'accentuant, à la même conclusion que moi? Bien loin de là; il tourne court, pour revenir brusquement à l'affirmation qui figure déjà en tête de son mémoire : *que Venise est le seul auteur du changement de direction de la croisade*, avec ce corollaire *que ma théorie est un pur déplacement du véritable point de vue his-*

---

[1] V. Mas Latrie, *Hist. de Chypre*, t. 1, pp. 127, 191.
[2] « Von keinem Fürsten der Erde hatte Byzans ernstlicher fürchten mussen als von Heinrich. » (Streit, p. 24.)
[3] *Revue des questions historiques*, t. XVII, pp. 352-374 ; t. XVIII, pp. 5-23.

torique de la question [1]. Par quel chemin de traverse est-il sorti ainsi de la voie qu'il suivait jusqu'alors, pour aboutir à cette impasse ?

Entre temps, et à mesure que l'y amenait la série chronologique des événements, M. Streit exposait, à côté des rapports mutuels des deux empires, ceux des villes italiennes avec Byzance [2], et en particulier les origines et les péripéties de la brouille survenue entre Alexis III et les Vénitiens, jusque-là fidèles alliés de l'Empire. Arrivé au moment où cette brouille — qui, à ses yeux, est la véritable cause du changement de direction de la croisade — va éclater, il constate que le point en litige et le nœud de la querelle sont le retard apporté par l'empereur au payement du reliquat des indemnités, stipulées en 1189 en faveur de la république par Isaac Comnène, comme réparation des injustices de Manuel. La somme tant de fois promise n'avait point été payée; Venise se devait à elle-même de ne pas supporter un pareil affront : *c'était pour elle une question de vie ou de mort;* ELLE NE POUVAIT POINT NE PAS ATTAQUER CONSTANTINOPLE [3]; et en formulant cette conclusion inattendue, M. Streit nous apprend, par une ligne de Nicétas (ligne qu'il faut, il est vrai, aller chercher ailleurs) [4],

---

[1] « Er (M. Thomas qui ne dit rien de cela) urtheilt... das Riante Deduc-« tionem eine völlige Verschiebung der waren historischen Gesichtspunkte « ergeben wurden. » (Streit, p. 5.) C'est en le faisant précéder d'une protestation, exactement conçue dans les mêmes termes, que M. Streit présente au public allemand la petite étude posthume de Hopf sur Boniface et Rambaud de Vaqueiras, étude que j'ai signalée plus haut. Sans cette mention spéciale, je n'aurais pas parlé de cet opuscule qui ne fait pas grand honneur à Hopf. Il s'y est beaucoup trop inspiré de la notice d'Émeric David (*Hist. litt. de la France*, t. XVII, pp. 499-521), notice qu'il ne cite du reste nulle part.

[2] Toute cette partie du mémoire de M. Streit est excellente, comme recherches historiques, et en tous cas très-supérieure au travail analogue de M. Armingaud (*Venise et le Bas-Empire*, dans les *Arch. des Miss.* 1868, II° série, t. IV, pp. 299-445), M. Streit s'y est beaucoup servi de la savante étude de M. Desimoni de Gênes, *Quartieri dei Genovesi a C. P. nel sec. XII* (*Giorn. ligustico.* 1874, pp. 137-180 ; 1875, pp. 217-275) qui touche constamment et avec une grande compétence à l'histoire de la quatrième croisade.

[3] « DIE ENTSCHÆDIGUNGSSUMME, welche damals von neuem zugesichert war, « WURDE NICHT MEHR GEZAHLT » (p. 27). — « IN DEM JAHREN 1202 UND 1203 « HALTE VENEDIG KEINE WAHL MEHR; ES WAR DURCH DIE VERHÆLTNISSE « GEZWUNGEN BEI DEM EINSTURZ DES GRIECHENREICHES MIT RASCHER UND « FESTER HAND ZUZUGREIFEN, UND..... SICH ALLES ZU SICHERN, WAS FÜR SEIN « EIGENES LEBEN VON BEDEUTUNG WAR » (p. 33) ; je respecte la disposition ypographique de M. Streit.

[4] Note 205.

que ce terrible reliquat, qui pesait d'un poids si lourd dans la balance politique de Venise et devait avoir pour l'empire grec des conséquences si désastreuses, s'élevait, sur une créance totale de un million neuf cent mille francs, à la somme énorme de DEUX CENT DIX-HUIT MILLE FRANCS [1], et il ne se demande pas si Henri Dandolo — si âpre qu'il se soit plus tard montré dans ses relations financières avec les croisés [2] — s'est décidé à remuer le monde, pour recouvrer une somme aussi misérable.

Enfin M. Streit caresse une idée, sur laquelle il revient sans cesse avec complaisance, et dont le développement un peu emphatique forme l'épilogue de son travail : c'est que le changement de direction de la croisade a été opéré par un seul homme, par un ACTOR RERUM *unique*, et que cet *actor rerum ne peut être autre que Henri Dandolo*, dont il entreprend le panégyrique exclusif [3], et grossit outre mesure l'influence personnelle, sans tenir compte en somme de la constitution de Venise, dont toute la rigueur défiante à l'endroit du pouvoir ducal se traduit précisément dans le *capitulaire* qu'avait juré le doge à son avénement [4].

Venise, poussée à bout par le non-payement d'une créance de deux cent dix-huit mille francs, a donc voulu, dès l'origine, et *avant même la conclusion du pacte de nolis de 1202*, détruire à son profit l'empire grec. Dandolo a mené cette intrigue depuis le commencement jusqu'à la fin : voilà toute la thèse de M. Streit. L'immense arsenal de textes accumulés par lui pour établir la situation respective des deux empires, est laissé de côté : du rôle joué par Philippe de Souabe, avant, pendant et après l'expédition, pas un mot. De quel côté est le *déplacement du véritable point de vue historique de la question* ?

Après cet exposé général du mémoire de mon savant contradicteur, je ne m'appesantirai pas sur les questions secon-

---

[1] « Ὁ Ἀλέξιος οὐκ ἀπεδίδου σφίσι χρυσίου μνᾶς διακοσίας ἐνδεούσας ἔτι « πρὸς τὸ ἅπαν ὀφείλημα τῶν δέκα πρὸς τοῖς πέντε κεντηναρίων. » (Nicétas, p. 713.) Dix mines d'or font à peu près 86 kilogr., soit au pouvoir de 1/12,2 218,233 fr., et 1,500 livres d'or, au même pouvoir, 1,903,200 fr.

[2] *Revue des questions historiques*, t. XVII, pp. 361-363, t. XVIII, p. 45.

[3] Page 34 et note 165.

[4] Ce *Capitulaire*, qu'invoque imprudemment M. Streit, se trouve dans l'*Arch. st. Ital.*, t. IX, app., pp. 327-329.

daires qu'il a résolues dans un sens différent du mien [1], et je ne fatiguerai pas le lecteur par des discussions de détail. Il y a cependant quatre points, à propos desquels je ne puis passer sous silence les assertions de M. Streit; ce sont :

Le pacte de nolis de 1202;

L'époque de la fuite et de l'arrivée en Europe d'Alexis IV;

La complicité d'Innocent III;

Enfin le caractère de Boniface de Montferrat.

Jouant sur une phrase du pacte [2] de nolis, M. Streit, malgré le préambule si clair, où le but immédiat de l'expédition est

---

[1] C'est ainsi que je me contente de signaler les points suivants — (P. 25 et n° 195.) M. Streit insiste sur le texte où Dandolo (XII, 318) raconte qu'Alexis III fut, dès 1198, menacé par les ambassadeurs vénitiens de la restauration d'Alexis IV ; ce texte dont je me suis servi (*Revue des questions historiques*, t. XVIII, p. 328), prouve seulement qu'en 1198 (ce qui n'était d'ailleurs point nouveau), les envoyés de la république étaient prêts à tremper dans quelque intrigue de palais : de là à une conquête de l'empire, il y avait un abîme. — (P. 27 et n. 210.) Même abus d'un autre texte du même Dandolo (XII, 319), qui place en 1198 une première arrivée de croisés français à Venise, et mentionne le mauvais accueil qu'ils y reçurent; M. Streit y voit une preuve de la bonne volonté de Venise pour les choses de la croisade ! — (P. 31, et not. 236.) La critique de M. Streit sur le sens que j'ai donné (*Revue des questions historiques*, t. XVIII, p. 353) au mot *tractatus* dans un passage des *Gesta Inn. III* n'est pas sérieuse : s'il n'y a pas eu traité libellé et scellé à Haguenau, il y a eu convention verbale d'égale importance et de conséquences identiques. — (P. 33 et n. 246.) Suivant Tolosano (*Docum. Toscani*, t. VI, p. 683), c'est après Zara seulement que Dandolo aurait fait connaître aux croisés le projet d'attaquer l'empire grec, en leur présentant ce projet comme la meilleure voie pour arriver au recouvrement des Lieux saints; ce texte, qui n'a été publié que l'an dernier, est très-important, et vient confirmer tout ce que j'ai dit (*Revue des questions historiques*, t. XVIII, p. 34) des négociations de Corfou. — (P. 33, n. 250.) Le passage d'Ogerio Pane (119) que M. Streit interprète comme impliquant la présence de Boniface à Gênes le 21 avril 1202, ne me paraît pas aussi concluant qu'à lui : d'abord il s'agit de Lerici (*Ylex*) et non de Gênes, puis la médiation de Boniface a pu ne pas être directe et personnelle. — (P. 50.) M. Streit n'accepte pas l'interprétation que j'ai proposée (*Revue des questions historiques*, t. XVII, p. 46, n. 1) du mot *Toscain*, employé par Villehardouin (n° 153); il veut que ce mot désigne les Pisans, qu'il fait, sur le témoignage de Roncioni (456), figurer à la quatrième croisade. On les y trouve, en effet, mais combattant à côté des værings et *contre les croisés*, comme auxiliaires des Byzantins. Le texte vague de Roncioni écrivain du commencement du xvi° siècle, n'a absolument aucune valeur dans la question.

[2] « Ut arma sumeritis contra *barbaricas pravitates*. » (*Pactum cruces.*, d. Taf. et Thom., I, p. 370, l. 2.) Cette phrase suit immédiatement un préambule d'une page, où il est parlé des *adversarii Christi* et de l'état où ils ont mis les Lieux saints, que les contractants se proposent de leur reprendre; c'est à ces *adversarii*, c'est-à-dire aux Musulmans, et non aux Grecs, que se rapportent évidemment ces *barbaricas pravitates*.

exposé par les rédacteurs de ce traité, affirme sérieusement que pas un mot du document n'implique *la guerre contre les infidèles* (comme si l'on eût pu, sans les attaquer, reprendre à ceux-ci Jérusalem) [1], en sorte que la conquête de Constantinople étant un des moyens les plus efficaces d'arriver indirectement au recouvrement des Lieux saints, c'était cette conquête qui était convenue implicitement dans le pacte de nolis, auquel il faudrait désormais faire remonter le changement de direction de la croisade. L'on saisit à l'instant les conséquences de cette interprétation surprenante — conséquences développées en partie par M. Streit. L'hostilité entre Venise et Innocent III remontant, non à l'attaque de Zara, mais à la conclusion du pacte lui-même — Philippe de Souabe et Boniface, mis au courant par Venise elle-même du projet d'attaque contre l'empire, *projet auquel ils seraient restés jusque-là totalement étrangers.* — Leurs ambassades à Venise et à Zara ne devant être considérées que comme autant de comédies.— Enfin les négociateurs du traité, et, parmi eux, l'historien par excellence de toute cette affaire, Villehardouin, devenant forcément des *dupes* ou des *traîtres*, et de façon à mériter un jugement bien autrement sévère que celui que l'adoption de mon hypothèse autorisait à porter contre eux. J'avoue ne voir dans tout cela qu'une pure fantasmagorie, contredite par les lettres répétées du pape, qui se fût gardé d'approuver, même conditionnellement, un semblable traité, par le témoignage de tous les chroniqueurs contemporains sans exception, par l'existence indiscutable, à cette époque, de négociations entre Venise et Constantinople, négociations poursuivies jusqu'au moment du départ de l'expédition, et excluant par conséquent, de la part de la république, tout projet de guerre à outrance contre Alexis III [2], enfin et surtout par l'ensemble de la conduite de

---

[1] « Findet sich kein Wort in der Urkunde, welches die Ungläubigen als
« die zu bekämpfenden Feinde bezeichnete : « Gegner, » heissen dieselben ; ja
« selbst von den Baronen sagt Dandolo, sie hätten die Waffen genommen,
« gegen barbarische Schlechtigkeiten. » (Streit, p. 29.)

[2] C'est M. Streit lui-même (p. 27, n. 206) qui, le premier, nous a fait connaître ce point curieux, résultant de l'envoi à Constantinople d'une ambassade vénitienne, que l'on peut difficilement placer autre part que dans les trois premiers mois de 1203 : cette ambassade est mentionnée par une charte très-importante, datée de septembre 1206, et, qui, signalée seulement par Cicogna (dans les *Inscris. Ven.*, IV, 538) a été publiée pour la première fois

Dandolo, de Boniface et de Villehardouin, qui étaient peut-être de peu scrupuleux politiques, mais que l'on ne peut accuser en bloc, à l'aide d'une phrase méchamment interprétée, d'avoir prémédité, en concluant le pacte de nolis de 1202, un véritable acte de piraterie envers les Grecs et de haute trahison à l'endroit des Latins.

L'époque de la fuite d'Alexis IV est un point très-important dans la discussion des causes qui modifièrent la direction de la croisade. M. Streit (p. 30) place avec M. Klimke cette fuite en juillet 1202, et fait aller directement à Rome le jeune prince, qui se serait rendu de là en Allemagne après avoir traversé la Lombardie et s'y être rencontré avec Boniface ; il ne serait ainsi resté à la cour de Souabe que pendant l'automne de 1202 (puisque M Streit admet avec moi que les premiers mois de 1203 furent employés par Alexis à un voyage en Hongrie), et n'aurait pris aucune part aux négociations de Haguenau (25 déc. 1201). Le fait que ces négociations auraient déjà eu pour objet le changement d'itinéraire des croisés, deviendrait alors beaucoup moins certain. J'avoue n'être aucunement convaincu par les arguments que M. Streit développe dans une longue note (p. 48), et en particulier par l'interprétation qu'il donne, après M. Klimke, du passage des *Annales de Cologne*, signalant l'arrivée du jeune prince en Allemagne : je persiste à entendre ce passage de la même façon que M. Winkelmann. Par contre, je reconnais que l'identification avec Jean Comnène (p. 48), du personnage byzantin anonyme, venu intriguer à la cour du roi des Romains, est préférable à celles que M. Winkelmann et moi avons proposées, soit avec Manuel Kamytzès, soit avec Alexis Contostéphane [1] ; il y aurait même à étudier de plus près le rôle de ce Jean Comnène. Je reviendrai également sur la rectification que j'avais cru devoir faire à un passage de Nicétas, relatif au rôle joué par les Pisans dans

en 1868, par le professeur Ljubic, dans les *Monum. spectantia ad hist. Slavorum mérid.* (Zagrebu, in-8°, t. I, pp. 23-25.) Rogerio Premarino et Pietro Michiel y reçoivent une indemnité en terres « pro eo quod a Jadertinis capti et rebus « exspoliati, cum irémus in legatione ad imperatorem C. P. » Il est possible que, si les Jadertins n'avaient pas, attirant sur eux la foudre, violé ainsi le droit des gens, Venise se fût entendue avec Alexis III, et n'eût pas ou besoin d'entrer, en attaquant Zara, dans la voie des désobéissances au Saint-Siége, et que la croisade eût été conduite, sinon en Égypte, du moins en Syrie.

[1] *Revue des questions historiques*, t. XVII, pp. 345-346.

l'évasion du jeune prince, et j'admettrai, avec Heyd, que la
colonie pisane de Constantinople a eu, en ce cas, une politique
différente de celle de la mère patrie. Mais je repousserai, sans
hésiter, l'assertion de M. Streit qui suppose (p. 48) qu'Alexis III
aurait favorisé la fuite de son neveu : c'est là une hypothèse
tout à fait gratuite, et que combattent tous les témoignages
contemporains.

Je ne veux pas répéter ici toutes les preuves que j'ai accu-
mulées pour démontrer qu'Innocent, avant, pendant et après
la croisade, n'a jamais eu en vue que la délivrance des Lieux
saints, et *n'a jamais, de près ni de loin, trempé dans les intrigues qui amenèrent la chute de l'empire grec* [1]. M. Streit ne
revient, il est vrai, que timidement sur cette question de la
complicité du pape (p. 2, n. 8; p. 32, n. 244); mais je ne me
lasserai pas de traiter de fable, plus ou moins vénérable, tout
ce que les textes secondaires pourront apporter, sur ce point,
de contradictoire à la correspondance du grand pontife — l'ex-
trême limite que l'on puisse assigner à une déviation quelconque
en ce sens, de la politique d'Innocent III, me semblant donnée
par l'appréciation si impartiale de l'auteur anonyme de la
Chronique de Novgorod [2]. Je n'accorderai même pas à M. Streit
que le pape, en 1205, se soit relâché de sa sévérité à l'endroit
d'Henri Dandolo, arrivé au terme de sa carrière : je n'en veux
pour preuve que le texte entier de la lettre pontificale, où
M. Streit est venu imprudemment (p. 34, n. 251) chercher, en
faveur du vieux doge, une marque d'indulgence au moins

---

[1] J'ajouterai ici à ce que j'ai dit (*Revue des questions historiques*, t. XVIII,
p. 60) sur la difficulté des communications entre Rome et l'Orient — difficulté qui, en combattant alors contre Innocent III, constitue aujourd'hui
l'un des meilleurs arguments, à l'aide desquels on puisse dégager la responsabilité du pape à l'endroit des événements de 1203-1204 — ce fait qu'en
1205, un envoyé de Baudouin Ier mit six mois à arriver à Rome (*Epist.
Inn. III*, VIII, 73), et que, l'année suivante, l'archevêque de Nicosie eut besoin
de deux ans pour écrire en cour de Rome et recevoir la réponse. (*Ibid.*, IX, 141.)

[2] « Sic Isaaci filius aufugit, et ad Philippum, Germanorum imperatorem
« affinem sororemque suam pervenit. Germanorum imperator eum Romam ad
« papam misit, quo cum consuleret an Constantinopoli bellum inferendum
« esset, et Isaacides : « Tota urbs, inquit, me imperatorem cupit; » Papa
« vero Francis dixit : « Si ita res se habet, eum in solio collocetis, et postea
« Hierosolymam abeatis, Terræ Sanctæ opem laturi; quodsi vero eum acci-
« pere noluerint, ad me redeatis, neve Græcorum terram lædatis. » Franci
« autem omnesque eorum duces, auri argentique cupidi erant, quæ Isaacides
« se iis daturum promisit; et mox imperatoris et papæ præcepta obliti sunt. »
(*Chron. Novg.*, d. Hopf., *Chron. græco-rom.*, p. 94.)

discutable. Du reste M. Streit apporte (p. 26) de nouveaux arguments à ce que j'ai pu dire des bons rapports qu'avant la croisade entretenaient les deux Romes, rapports que peut seul expliquer le péril égal dont les menaçait l'ambition du fils de Henri VI.

Je terminerai en regrettant que M. Streit, poursuivi par l'idée de réserver à Henri Dandolo une prépondérance sans partage, ait donné au marquis de Montferrat, au chef officiel de la croisade, un rôle tellement effacé que Boniface apparaît à peine dans son travail ; cette indifférence vaut certes encore mieux que le travestissement de cette personnalité si considérable en une sorte de chevalier de cour d'amour, tel que Hopf nous le dépeint dans le petit opuscule dont j'ai dit un mot tout à l'heure ; cependant on ne peut supprimer Boniface de l'histoire de la quatrième croisade, et quand bien même on serait amené à reconnaître qu'il n'était pas aussi inféodé que je l'ai dit à la politique des Hohenstaufen [1], il y a une autre place à lui donner dans ces événements que l'obscurité voulue où M. Streit le relègue.

III

J'arrive à la dissertation de M. Hanotaux, que j'analyserai plus rapidement que le travail de M. Streit, puisqu'elle est déjà connue du public français, mais que je discuterai, par contre, avec plus de détails, d'abord parce qu'elle n'aborde qu'un point spécial, et qu'elle étudie ce point minutieusement, puis pour un motif personnel que je vais donner tout à l'heure.

M. Hanotaux pose cette interrogation : *Les Vénitiens ont-ils trahi la chrétienté en 1202 ?*

Si l'on ne s'en tenait qu'au sens littéral qu'une semblable question peut offrir, il faudrait sans hésiter la résoudre par l'affirmative. Ne fût-ce que par le commerce que Venise, avant, pendant et après la quatrième croisade, a entretenu, de l'aveu de tous, avec les Infidèles, leur fournissant les armes qu'ils

---

[1] Streit, p. 33, et n. 248.

devaient retourner ensuite contre les croisés [1] ; ne fût-ce que par les conséquences désastreuses que la chute de l'empire grec—chute dont Venise fut l'un des agents—devait entraîner pour les intérêts latins en Orient, la république, partie prenante dans l'expédition, a trahi la chrétienté en 1202. M. Hanotaux répond au contraire à l'interrogation qu'il s'est posée par une négative absolue ; en effet, et probablement de crainte d'un titre trop long, ce n'est point de la trahison vénitienne en général qu'il a voulu parler, et qu'il admet [2] d'ailleurs au moins partiellement, c'est de ce fait spécial *que les Vénitiens se seraient fait acheter* A PRIX D'ARGENT, *par les Infidèles, le concours que la république a pu donner au changement de direction de la croisade.* C'est pour combattre cette assertion circonscrite qu'il a entrepris le travail dont il nous offre les résultats.

Les lecteurs de la *Revue* se rappellent qu'avant d'exposer les causes que j'allais attribuer aux événements de 1202-1204, j'avais cru devoir, pour dégager le terrain d'hypothèses parallèles à la théorie que je voulais développer, résumer la polémique engagée auparavant entre M. de Wailly et M. de Mas Latrie, au sujet du texte d'Ernoul, accusant les Vénitiens de cette entente avec l'Égypte, et que j'avais eu soin, pour bien montrer combien la négation ou l'affirmation de cette entente était étrangère à la défense de la thèse que j'abordais, de faire très-nettement la distinction suivante [3] :

« Il y a deux points dans le changement apporté au plan primitif de la croisade :

« 1° *L'abandon de la route d'Alexandrie ;*

« 2° *L'attaque et la destruction de l'empire grec.*

« Or Malek-Adhel s'était parfaitement contenté du premier, et n'exigeait, en aucune façon, l'accomplissement du second. *Si donc les Vénitiens avaient conduit* simplement *les croisés en Terre sainte*

---

[1] Inn. III *Epist.*, I, 539 (1198, 3 déc.) ; XII, 142 (1209, 23 nov.) ; XVI, 28 (1213) ; Cf. Inn. IV *Epist.*, 1ᵉʳ oct. 1246 (Potth., n° 12283) ; Thaddæus Neapol., p. xvij ; Mas Latrie, *Hist. de Chypre*, t. II, pp. 120-125 ; Marinus Sanutus, *Secr. fidel. Crucis* (d. Bongars, t. II, p. 26). Ce n'est qu'en mars 1226 (Taf. et Thom., t. II, p. 263) que la république se décide de nouveau (elle l'avait déjà fait en 991. — Taf. et Thom., t. I, p. 25) à prohiber officiellement l'importation en Égypte de la contrebande de guerre, importation qu'Innocent III ne toléra jamais. — Voir la note complémentaire, p. 48.

[2] P. 84.

[3] *Revue des questions historiques*, t. XVIII, p. 333.

(ce qui était l'avis d'un grand nombre dé ceux-ci [1]), *ils se seraient trouvés avoir exécuté, aussi bien le pacte de nolis, que leurs engagements envers le sultan* [2]. »

Cependant, à la fin de mon travail, et comme étude accessoire, j'avais cherché à retrouver, par induction, comment Karl Hopf avait pu parvenir à donner un corps et à assigner une époque précise (13 mai 1202) à la trahison, qu'il faisait résulter cette fois, non du seul témoignage d'Ernoul, mais aussi de la fixation à la date susdite de traités conclus entre Venise et l'Égypte. Prendre parti pour l'opinion de l'historien allemand était, il est vrai, rendre hommage à ce que je prenais pour la vérité, mais, en même temps, nuire dans une certaine mesure à la cause que je défendais. Cette façon de procéder n'a pas été suffisamment comprise : car, loin de m'en tenir compte, on a affecté de ne voir dans tout mon travail que cette étude accessoire, de dire (ce qui était aisé, la discussion une fois ainsi limitée) que je n'y apportais aucun fait nouveau, enfin de m'attribuer *comme opinion personnelle* tout ce que la poursuite de la méthode de Hopf avait pu m'amener à avancer. Je trouve qu'il convient de rendre à chacun ce qui lui appartient ; et, maintenant surtout que Hopf a été convaincu par un aveu posthume, de procédés à la Fallmerayer [3], je dois me trouver satisfait d'avoir si bien réussi à suivre à contre-pied la piste de l'érudit allemand, et m'empresser de lui restituer tous les *faux raisonnements* que l'on m'a prêtés en son nom. C'est là la seconde raison qui m'a déterminé à entrer à mon tour dans le débat, en discutant de très-près l'argumentation de M. Hanotaux :

[1] Villeh., n° 95 ; *Epist. Hugonis S. Pauli* (d. Taf. et Thom., t. I, p. 304). Cf. Streit, p. 29.

[2] Ils auraient même rendu à Malek-Adhel un service signalé, en donnant de l'embarras à ses neveux de Syrie, comme le fait remarquer M. Streit (p. 29 et n. 224).

[3] M. Streit (p. 49), en expliquant le cas de Hopf, parle d'une simple inexactitude ; tandis qu'en réalité Hopf avait sciemment altéré le prénom de Pietro Michiel, et le nom de Faïdeddin, et inventé le lieu de la signature du traité. La *Geschichte Griechenlands* (Ersch et Gruber, t. LXXXV) fourmille d'affirmations semblables, qu'en considération de la situation scientifique et des travaux si considérables de Hopf, on était disposé à accepter aveuglément, et qu'il faudra désormais soumettre à une critique très-sévère. M. Streit aura, sans doute, soin d'expurger l'*Histoire de la quatrième croisade*, qu'a laissée Hopf, de toutes les assertions obtenues à l'aide de procédés analogues à celui qui a fourni la date et les circonstances du fameux traité.

non pas que je trouve à cette polémique une très-grande importance dans la question du changement de direction de la croisade, mais parce que j'éprouve le besoin de traiter une bonne fois, en mon nom personnel, le fait de la trahison vénitienne.

Voici la thèse de M. Hanotaux :

Il commence par déblayer le terrain, en exécutant sommairement ses contradicteurs anciens et modernes; puis, une fois débarrassé du témoignage d'Ernoul et de ceux qui s'en sont servi, il prend les six traités avec l'Égypte, abandonne les deux derniers, et soumet les quatre autres, dont il reproduit le texte *in extenso*, à un examen minutieux, dont le premier résultat est de prouver qu'ils ne constituent qu'un seul et même pacte. Les intitulés, le lieu de la signature, les divers articles de ce pacte, l'amènent successivement à des conclusions très-nettes; puis il passe à la discussion de la date, et, après s'être un peu égaré à terrasser inutilement Karl Hopf, déjà désarçonné, il arrive à proposer et à soutenir, comme seule possible, la date du *9 mars 1208*. Enfin il termine par quelques considérations générales, tendant à prouver *a priori* que Venise *n'a jamais pu* trahir la chrétienté, ni par une entente à prix d'argent avec l'Égypte, ni d'aucune autre façon.

Je dirai tout de suite que l'argumentation de M. Hanotaux est serrée, qu'il possède parfaitement son sujet, le développe avec une certaine verve, et expose ses conclusions d'une manière séduisante, en sorte que la *forme* de son mémoire ne pèche que par quelques incorrections matérielles qu'il serait puéril de relever ici une à une. Il en est autrement du *fond*; ce que j'espère montrer en suivant pied à pied la marche de M. Hanotaux, marche excellente et dont je n'ai aucune raison de m'écarter.

Le témoignage si long et si explicite d'Ernoul [1], qui est, en somme, l'une des sources capitales de l'histoire des croisades, gêne naturellement ceux qui n'admettent point la trahison de Venise. Aussi ce témoignage a-t-il été plus d'une fois battu en brèche; mais, après ce qu'en a dit M. de Wailly, il n'y a

---

[1] Ch. xxxi, édit. Mas Latrie, pp. 343-346; Eracles, l. XXVIII, ch. i, ii, d. le *Recueil des hist. des cr.*, t. II, pp. 250-252, qui donne des variantes nombreuses.

plus qu'à glaner : M. Hanotaux n'ajoute donc pas grand'-chose de nouveau aux arguments de l'éminent éditeur de Villehardouin ; je remarquerai seulement qu'il exagère un peu les dangers que courait la Terre sainte,—dangers qui auraient provoqué, selon lui, par le désappointement de ne point voir arriver les secours attendus en 1202, les accusations d'Ernoul. La meilleure preuve que les États latins de Syrie n'étaient pas dans une situation aussi désespérée qu'on veut bien le dire, c'est qu'ils surent parfaitement, non-seulement se passer de ces secours, mais encore supporter le vide que la nouvelle de la prise de Constantinople opéra sur leurs forces locales [1].

M. Hanotaux s'attache ensuite à prouver que le témoignage de l'écuyer d'Ibelin est *isolé*. « Aucun des narrateurs de la croisade, dit-il, n'a parlé de la trahison vénitienne. » Il aurait d'abord dû dire : « aucun *autre* » ; car Ernoul constitue lui-même l'une des sources de la quatrième croisade : il en fournit un récit spécial, et ce récit est d'autant plus important que nous devons y retrouver les dires de ce grand parti de l'opposition, dont l'abbé de Vaux-de-Cernay est l'organe jusqu'à Zara, et qui avait pu pénétrer des secrets dont nous ne demanderons la divulgation, ni aux chroniqueurs officiels, ni même à d'autres témoins, aveuglés par la splendeur du résultat de la croisade, sur la malhonnêteté des moyens employés pour la détourner.

Examinons ces *narrateurs de la croisade* ; on peut les diviser en trois classes : ceux qui sont favorables à Venise ; ceux qui lui sont défavorables, sans cependant formuler la fameuse accusation, enfin ceux qui l'accusent nettement comme Ernoul.

Je reconnaîtrai volontiers que les premiers sont nombreux, et je crois que je viens d'en donner la véritable raison.

Les seconds peuvent facilement se compter ; mais il y a parmi eux des témoins de premier ordre, dont les réticences viennent plutôt corroborer moralement qu'infirmer l'assertion d'Ernoul ; je rangerai parmi eux Innocent III, Günther [2]

---

[1] Voir le curieux document que M. Winkelmann a publié sur ce fait, dans l'*Ienaer Liter. Zeitung*, 1876, n° 1.

[2] Günther, d. les *Exuviæ C. P.*, t. I, p. 71.

(quoi qu'en dise M. Hanotaux), Rostang de Cluni [1], Ogerio Pane [2].

Viennent enfin les derniers, ceux qui reproduisent l'accusation du chroniqueur syrien ; ce sont ceux dont il convient avant tout de se débarrasser : car si l'on venait à constater que *l'entente à prix d'argent est affirmée par un ou plusieurs* témoignages contemporains, dignes de foi et *étrangers à celui d'Ernoul*, toute la thèse de M. Hanotaux croulérait par la base. Aussi s'empresse-t-il de réduire ces témoignages à deux : un texte de Baudouin d'Avesnes, et un passage du *Balduinus Constantinopolitanus*.

Je lui ferai remarquer que, sans parler de plusieurs documents plus ou moins considérables qui nous font défaut aujourd'hui [3], et dont l'un, au moins, concordait avec Ernoul [4], il y a d'autres textes que l'on ne peut passer sous silence : celui de Pippino [5], un peu différent, en cet endroit d'Ernoul, qu'il avait sous les yeux, celui de Ricobaldo de Ferrare [6], et un passage de Sanudo [7], dont je me servirai tout à l'heure, et qui confirme, sinon l'achat par Malek-Adhel du concours des Vénitiens, du moins la levée par ce sultan de l'impôt général qui a été déclaré si invraisemblable.

Mais contentons-nous de Baudouin d'Avesnes et du *Balduinus Constantinopolitanus*.

Pour M. Hanotaux, comme au reste pour M. Streit [8], le texte de Baudouin d'Avesnes [9] a pour unique source Ernoul : que

---

[1] Rostang. Clun., d. les *Exuviæ C. P.*, t. I, p. 133.

[2] Dans les *SS. RR. Germ.*, t. XVIII, p. 120.

[3] Voir *Exuviæ C. P.*, præf., pp. xxiii-xxviii.

[4] Une certaine *Chronique de S. Victor*, consultée par Michaud (t. III, p. 143) et qui a échappé à toutes mes recherches.

[5] Dans Muratori, t. VII, col. 820.

[6] « Baroni, essendosi per prezzo convenuti del passagio co'Veneziani e « quali, come si stimava, *corrotti dalla condizione di Safadino*, molto li ten- « nero in lungo » (Ricob. d. Ferr. *Istor. imper.*, d. Mur., t. IX, col. 417), témoignage du xiv° siècle, si l'on considère la chronique comme originale, du xv° si on la regarde plutôt comme l'œuvre personnelle de Boïardo, que comme une version faite par lui. En 1510, Hélian de Verceil (d. Freher-Struve, *SS. RR. Germ.* t. II, p. 528,) répétait la même accusation.

[7] « Saphadinus, Ægyptum profectus, pro terræ defensione inquirit concilium, « congregatque thesauros. » (Sanutus, l. III, p. xi, 2, d. Bong., II, 204.)

[8] P. 2 et n. 15.

[9] Déjà publiés par Buchon dans le *Panthéon littéraire* (t. III, pp. 265-292), et à la suite de Christine de Pisan, pp. 653-673, les fragments de Baudouin d'Avesnes, relatifs à la quatrième croisade, ont été donnés comme inédits par

Baudouin d'Avesnes ait fait de larges emprunts à Villehardouin,
cela ne fait de doute pour personne ; mais qu'il ait eu
entre les mains et copié Ernoul, au moins tel que nous l'a
conservé le texte publié récemment, il y a matière à une discussion, dans laquelle je n'entrerai pas, me contentant de faire
remarquer que Baudouin d'Avesnes raconte en cinq lignes ce
qu'Ernoul met trois pages à nous apprendre, et passe complétement sous silence la fabuleuse histoire de l'impôt sur les
biens des mosquées. Or nous avons une chronique française,
très-voisine, il est vrai, d'Ernoul, mais distincte : l'*Estoire
d'Outremer et des Enfances Salehadin* [1], qui offre précisément
un récit d'une longueur intermédiaire entre ceux d'Ernoul
et de Baudouin d'Avesnes, — récit *dépouillé de la fable en
question*, et que nous retrouvons dans Galeotto del Carretto [2].
Il est donc probable que Baudouin d'Avesnes a abrégé, non
Ernoul, mais ce texte parallèle, et que nous avons dans l'ensemble de ces trois chroniques, un second témoignage
réellement *distinct*, quoique très-rapproché, de celui de
l'écuyer d'Ibelin.

Mais je n'insisterai point, préférant m'attacher au second
texte rejeté par M. Hanotaux, au *Balduinus Constantinopolitanus,* sur lequel il me permettra de ne point partager son
avis ; le *Chronicon comitum Flandrensium*, dans lequel est
inséré [3] ce curieux récit, n'est pas une compilation *sans valeur
et bourrée d'erreurs ;* Dom Martène, qui en a donné la seconde
édition [4], en parle avec estime, et Bethmann la considére
comme le fondement de toutes les autres chroniques de Flan-

Tafel et Thomas (t. I, pp. 328-358) d'après un manuscrit de Munich. C'est M. Ga-
chet (*Chron. de Baud. d'Av.*, p. 53) et non Hopf, comme le veut Streit, qui a le
premier reconnu quel était l'auteur de ces fragments. Le passage en discussion se trouve dans Taf. et Thom., t. I, p. 333.

[1] Paris, B. nat. fr. 770 et 781 (venant de Cangé) et 12203 ; voir Monachus,
édit. Riant, pp. 68-69. Le passage en question se trouve dans un fragment de
cette chronique, publié par Buchon (*Rech. hist.*, 1845, t. I, pp. 481 et s.) et par Taf.
et Thom. (t. I, pp. 322-328).

[2] *Cronica di Monferrato* (d. les *Mon. hist. patr.*, t. III, col. 1138). Il ajoute
ce détail que le sultan se procura l'argent, par la confiscation des revenus
des *chrétiens* d'Égypte, fait confirmé par l'*Hist. patriarcharum Alexandr.*
(citée dans Michaud, *H. des Cr.*, 4e éd., III, 143) : c'est évidemment l'origine de
la fable de l'impôt mis sur les mosquées.

[3] *Corpus chron. Flandriæ*, éd. De Smet, t. I, pp. 130-140.

[4] *Thes. Anecd.*, t. III, col. 377-449 ; publiée aussi, sous le titre de *Flandria
generosa*, mais seulement jusqu'en 1164, par Galopin en 1643 et Paquot en 1781,
et dans Pertz, *SS. RR. G.*, t. IX, pp. 313-334, par Bethmann (jusqu'en 1214).

dres ; De Smet ne l'a soumise à aucune étude critique ; c'est
M. Klimke qui, le premier (pp. 36-42), a appelé l'attention sur
le passage qu'elle consacre à la quatrième croisade, passage
qui forme un tout complet, renfermant, à côté d'invraisem-
blances évidentes, des détails spéciaux, que l'on chercherait
vainement ailleurs, et qu'il est difficile de rejeter sans examen.
Je ne puis que renvoyer ici à l'analyse que M. Klimke a donnée de ce récit, qui nous offre évidemment la traduction, ou
plutôt l'abrégé latin, d'un texte en langue vulgaire, aujourd'hui
perdu, et que l'on ne saurait exclure du nombre des témoignages importants de la quatrième croisade.

Or voici ce que dit le *Balduinus Constantinopolitanus* :

« Ista prædicta ad aures perveniunt soldani, Francos et Flamingos
« disponere ad Jerusalem proficiscendum; et præcipue timens comi-
« tem Flandrensium, eo quod prædecessores ejus infinita damna et
« mala fecerant olim in Sardenay et in regno Abilinæ, ea de causa
« soldanus scribit et promittit Venetis mille marcas auri optimi, et
« pro ævo salvum conductum liberum per totam Arabiam, Syriam,
« Damascum et Egyptum, sed quod nullo modo naves seu navitas su-
« per drutsmannos concedant Francis, sed consulant eos repatriare. »

M. Hanotaux veut, timidement il est vrai, que ce soit là un
écho d'Ernoul, devenu, de très-bonne heure, populaire en
Occident ; je lui répondrai que cette rapidité de propagation de
la chronique d'Ernoul n'a peut-être pas été aussi grande qu'il
le croit [1] ; que d'ailleurs Ernoul n'a été terminé dans sa forme
actuelle qu'en 1231, et que le *Balduinus* a été écrit avant 1214 [2] ;
que le reste du *Balduinus* n'a absolument rien de commun avec
Ernoul, et que, s'il est évidemment impossible que deux récits
d'un fait identique ne se touchent pas par des points communs,
il y a néanmoins entre Ernoul et le passage du *Balduinus*, des
différences assez notables, pour que l'on hésite à voir dans
celui-ci un abrégé de celui-là. La crainte inspirée au sultan
par les Flamands, Sardenay, Abilina, le sauf-conduit (que l'on
ne peut s'empêcher de rapprocher du second des pactes
égyptiens), le chiffre des mille marcs d'or, tout cela est étran-

---

[1] On est loin d'être d'accord sur l'interprétation du passage de Raoul de
Coggeshale, sur lequel M. de Mas Latrie (Ernoul, 497) appuie cette assertion.

[2] Probablement par un auteur flamand, sinon témoin oculaire, du moins
reproduisant les récits des compagnons de Jean de Nesle, qui, on le sait,
opéra, en 1204, un débarquement en Égypte, et put y apprendre quelque chose
de la fameuse entente.

ger à Ernoul. Niez, si vous voulez, ou rabaissez la valeur de ce témoignage, mais reconnaissez-le pour *distinct* de celui d'Ernoul, *qui cesse*, par conséquent, *d'être isolé*.

Qu'importe, en regard de cette conclusion capitale, l'opinion des historiens modernes ? la plupart n'ont pas connu Ernoul, publié pour la première fois au milieu du siècle dernier [1], ou s'en sont peu servis; qu'importe de savoir ce qu'ont pu penser Maimbourg, ou Michaud, ou Wilken, qui n'ont pas eu entre les mains d'autres sources que celles dont nous disposons ? que Sauli [2], et non M. de Mas Latrie, ait été le premier à faire usage du récit de l'écuyer d'Ibelin ? que la phrase de Hurter implique, comme je le crois encore, une adhésion au moins conditionnelle à la mise en accusation de Venise [3], et que l'école allemande entière, MM. Thomas, Winkelmann, Heyd, Streit, Klimke (je me garderai bien de nommer Hopf), soient à peu près unanimes sur la question ? — l'opinion du dernier venu, s'il apporte de bonnes raisons dans la discussion, pèsera davantage, en ce cas, que celle du plus grand des historiens passés, et j'abandonnerai bien volontiers à M. Hanotaux tout ce qu'il réclame de ce côté.

Là n'est point d'ailleurs le nœud et l'intérêt de sa thèse, et j'ai hâte d'y arriver.

Il s'agit des fameux traités non datés conclus entre Venise et Malek-Adhel, traités signalés pour la première fois par Hammer [4], et placés par lui entre 1218 et 1227, publiés par Tafel et Thomas d'après les manuscrits de Vienne sous la date dubitative de 1217, enfin apportés par M. de Mas Latrie [5], et Karl Hopf comme un second et plus décisif témoignage en

---

[1] En 1725, par Muratori, dans la version latine de Pippino; en 1730, par Martène, sous le nom de Bernard le Trésorier.

[2] « È fama che la promessa fatta dal soldano d'Egitto di concedere nuove è « più larghe franchigie ai naviganti Veneti, et il molto oro sborsato ai prin- « cipali della reppublica, per impegnarli a stornare quell'incendio di guerra « dalle provincie di Siria, abbiano avuto forza di menare la risoluzione, per « cui vennero accolte le preghiere del giovane Alessio. » (Sauli, *I Genovesi in Galata*. Torino, 1831, 2 vol. in-8°, t. I, p. 32.)

[3] J'avoue ne pouvoir comprendre autrement la phrase de Hurter.

[4] *Gesch. d. Osmann. Reichs*, t. II, p. 664.

[5] Qui a donné le texte des deux premiers d'après le *Libro dei Patti* de Venise, dans l'appendice de ses *Traités de paix*, pp. 70 et suiv. On trouve la version italienne du n° 5 dans les *Vite d. duchi Venes.* de Sanudo le jeune. (Murat., t. XXII, col. 542-543.)

faveur de l'hypothèse de la trahison vénitienne. M. Hanotaux les reprend, reproduit le texte des quatre premiers [1], et en aborde l'examen. Les arguments qu'il groupe, pour prouver que ces quatre pièces ne constituent qu'un seul et même pacte, sont sans réplique, et j'y souscris des deux mains. Il établit parfaitement que le nᵒ 1 est le document d'ensemble, les nᵒˢ 2 et 3 des sauf-conduits de navigation et de commerce, et le nᵒ 4 un privilége de comptoir (*Fondaco*) à Alexandrie. Je lui accorderai que ce traité n'a pas été conclu au Caire, bien que je ne trouve pas que le texte d'Abulféda qu'il invoque, implique aussi formellement qu'il paraît le croire, l'impossibilité de placer vers 1202, un voyage rapide de Malek-Adhel en Egypte, et que Sanudo [2], témoin bien impartial en cette affaire, y fasse arriver le sultan précisément à cette époque. Cette circonstance de lieu n'a du reste aucune importance dans la question ; car il est évident que le résultat des traités sera le même, quel que soit l'endroit où ils auront été conclus.

M. Hanotaux va-t-il être aussi concluant dans le reste de son travail ? Il examine successivement le *protocole,* le *contexte* et la *date* du traité.

Les formules de courtoisie qui précèdent l'acte lui-même se trouvent avoir un grand intérêt; elles comprennent :

1ᵒ Les titres que prend Malek-Adhel ;

2ᵒ Ceux qu'il donne au doge anonyme, dans lequel M. Hanotaux veut voir Pietro Ziani, successeur de Henri Dandolo, et non, comme Hopf, Dandolo lui-même.

M. Streit a remarqué le premier (p. 49) que le sultan n'a commencé, suivant Abulféda [3], à se qualifier de *Schahinschah* (*Rex regum*) et de *Chalil el mumenim* (*Amicus principis fidelium*) qu'au commencement de l'année 604 de l'Hégire, c'est-à-dire en août 1207. M. Streit qui, sans donner de raison, place le traité en 1203, ne tient aucun compte du passage d'Abulféda; il y voit, soit une erreur de ce dernier, soit un

---

[1] D'après Mas Latrie, pour les nᵒˢ 1 et 2, et Thomas, pour les nᵒˢ 3 et 4; M. Hanotaux accuse à tort Thomas d'avoir omis le mot *decima* dans la date du quatrième.

[2] Sanutus, *Secr. fid. Crucis, l. c.*

[3] « Eodem anno (604) ineunte. » (Abulfeda, ed. Reiske, t. IV, p. 224, et *Hist. or. des crois.,* t. I, p. 84.)

acte de vanité de Malek-Adhel, qui aurait pris les deux titres, avant d'en avoir reçu du khalife de Bagdad l'investiture régulière. Je regarde au contraire, avec M. Hanotaux, ce texte du chroniqueur arabe comme un argument de la plus grande gravité contre l'opinion de Hopf, et l'adoption pour le traité d'une date *antérieure à août 1207.*

Quant aux titres donnés au doge anonyme, ils soulèvent de sérieuses difficultés, d'abord en eux-mêmes, puis par l'absence du nom de ce prince. Ils ne sont pas, en effet, semblables à ceux que reçoit Pietri Ziani dans les traités passés avec d'autres souverains infidèles [1] que le sultan d'Égypte. Même différence, mais plus importante avec ceux qui accompagnent le nom du doge dans les pactes nᵒˢ 5 et 6, conclus avec le même Malek-Adhel. Le titre de *dux Venetiarum et Iadræ* ATQUE CONSTANTINOPOLIS, manque ; il est remplacé par des épithètes guerrières qui conviennent mal à Pietro Ziani, et se seraient mieux appliquées à Henri Dandolo. Ici l'anomalie mérite d'attirer une attention particulière ; car si l'on accepte pour le traité avec le doge anonyme, la date à laquelle nous allons voir arriver M. Hanotaux, *le 9 mars 1208,* on sera amené nécessairement à examiner si cette date n'est point trop voisine de l'époque qu'il convient d'assigner aux pièces nᵒˢ 5 et 6, et si d'aussi grandes différences de rédaction ne se présentent point à un trop court intervalle.

Ces pièces 5 et 6 ne font, à mon sens, qu'un seul et même traité, qu'à l'aide d'une correction que l'on connaît déjà, je fixe au 17 mai 1217 ; mais je dois dire que, d'abord M. Heyd [2], puis M. Thomas [3], revenant sur son premier calcul, et enfin M. Streit (p. 49) (pour le nᵒ 5 seulement, qu'il sépare, sans raison bien décisive, du nᵒ 6) préfèrent l'année 1206 [4] ; qu'en somme la question est loin d'être résolue, et que l'on se trouve courir le risque, au cas où elle le serait dans le sens de MM. Thomas et Streit, d'aller au-devant de cette diversité

---

[1] Voir Tafel et Thomas, t. II, pp. 63, 221, 272, 274.
[2] *Le col. comm. d. Italiani,* t. II, p. 188.
[3] *Allg. Zeitung,* l. c.
[4] M. Streit, séparant les deux traités, ne dispose plus que d'un élément pour résoudre le problème de la date de chacun d'eux : aussi c'est arbitrairement qu'il identifie le 7 safar avec le 3 septembre 1206 ; il pouvait choisir n'importe quelle autre année du règne de Ziani.

de formules, inexplicable à deux ans de distance entre les mêmes contractants.

Inexplicable est aussi l'absence du nom du doge, quand tous les autres traités, conclus par Pietro Ziani avec des princes musulmans, le contiennent en toutes lettres. A ceux qui seraient tentès de penser que cette radiation a été ordonnée, de crainte de scandale, par la chancellerie vénitienne, M. Hanotaux répond d'avance (p. 87) que le scandale eût été le même pour les documents analogues, où le nom du doge a cependant été conservé[1]. Il omet, je crois, de distinguer entre les circonstances ordinaires, peu excusables, il est vrai, mais enfin conciliables, à tout prendre, avec la politique commerciale de Venise, qui accompagnèrent tous les autres traités, et la situation spéciale, où, en 1202, le *fait d'être devenu solennellement partie intégrante de la croisade*, plaçait, aux yeux de la chrétienté, le gouvernement vénitien.

Entrant dans la discussion du contexte du quadruple pacte, M. Hanotaux prouve qu'il doit être considéré comme constituant, de la part de Malek-Adhel, le prix de services futurs et non la récompense de services passés[2] ; sur ce point restreint, je ne vois aucune objection à lui faire ; mais je crains qu'il n'aille ensuite trop loin, et que, dans le dessein de fermer la porte à toute hypothèse d'un traité conclu avec l'Égypte eu 1202, *différent de celui qu'il étudie et aujourd'hui perdu*, il ne se soit fourvoyé, en cherchant à prouver que la pièce n° 4 (octroi du comptoir à Alexandrie) est une concession de *premier* établissement pour les Vénitiens. Tout proteste contre cette conclusion : des témoignages nombreux et irréfragables montrent que Venise avait pris pied, dès le xe siècle, à Alexandrie[3]. Benjamin de Tudèle, en 1170, dit formellement que vingt-huit nations chrétiennes y avaient leurs *fondachi*, et, parmi ces vingt-huit nations, figurent naturellement les

---

[1] André Dandolo, qui ne paraît pourtant *craindre aucunement ce genre de scandale*, puisqu'il nous apprend (Murat, t. XII, col. 341), en relatant le traité fait par Pietro Ziani avec un sultan turc, que la conclusion de ce traité avait pour cause la décadence des Latins (*cum jam Gallorum potentia evanesceret*), est naturellement muet à l'endroit des pactes égyptiens.

[2] Cf. Streit, p. 49.

[3] And. Dand. (d. Muratori, t. XII, col. 223) ; Heyd, t. II, p. 168 ; v. Thomas, l. c.

Vénitiens [1]. Que signifierait d'ailleurs l'expression *augeatur et crescat factum mercatorum* de la pièce n° 1 : la première condition pour que le commerce augmentât était qu'il existât déjà. Et ces établissements vénitiens à Alexandrie n'étaient pas le fait d'une simple tolérance, dépourvue de priviléges diplomatiques. Sans parler d'un traité conclu dès 991 par le doge Orseolo [2], il est certain qu'en 1171, il y en avait eu un autre passé au nom de Sebastiano Ziani [3]. Toute liberté reste donc à l'émission d'une hypothèse analogue à celle que je viens de formuler.

Je suis obligé également de ne point accorder à M. Hanotaux que MM. Thomas et Hopf aient fait un raisonnement aussi étrange qu'il veut bien le dire, en cherchant à placer le quadruple traité immédiatement avant une croisade, et en se servant pour cela des tormes du sauf-conduit donné par le sultan, dans la pièce n° 2, aux pèlerins voiturés par les Vénitiens (*omnes qui vadunt in peregrinationem ad sanctum Sepulcrum cum Venetis*). Il est évident qu'aucun des deux historiens que je viens de nommer n'a pensé un instant, comme le suppose M. Hanotaux (p. 92), que *si le sultan donne un sauf-conduit aux chrétiens, c'est qu'il prévoit qu'ils vont venir l'attaquer en grand nombre*, mais qu'au contraire ils ont compris la clause, comme impliquant l'engagement, pris ou à prendre par Venise, *d'empêcher que ces pèlerins ne devinssent des croisés*, double signification qu'a le mot *peregrini*. Il me semble donc que, si l'on trouvait une bonne raison pour placer le traité avant une croisade, ce ne serait pas cette phrase du sauf-conduit qui pourrait détourner de le faire.

J'arrive enfin avec M. Hanotaux à la recherche directe de la date véritable du quadruple pacte. On se rappelle à l'aide de quelles inductions j'étais parvenu à retrouver la voie que Hopf avait suivie pour fixer cette date au 14 mai 1202 (13 par

---

[1] « Every nation has its own fonteccho there, » (Benj. de Tud., éd. Asher, t. II, p. 158). Dans la nomenclature de ces nations, le texte d'Asher porte il est vrai : *Valentia*; mais le manuscrit d'Oxford. (Bodl., *Op. add.* 8° 36, f. 62 b.) donne « *Venecia* », ainsi qu'a bien voulu le vérifier pour moi M. Ad. Neubauer; cf. Makrizi, d. Amari *Dipl. arabi*, p. LV, et Heyd, t. II, pp. 171, 172.

[2] And. Dand. *l. c.*; cf. *Forsch. z. d. Gesch.*, 1877, p. 394.

[3] *Chron. Altin.*, 169; cf. Streit, p. 15, not. 123.

une erreur de calcul) : on se rappelle également que Hopf
avait dû opérer, sur le libellé du pacte, une correction con-
sistant à lire *maii* ou lieu de *martii*, correction que pouvait
justifier jusqu'à un certain point l'aspect du manuscrit de
Venise, dont j'ai le *fac-simile* sous les yeux, et qui porte
mārt. Cette correction laissait à choisir entre les trois dates de :

1201, 25 mai.
1202, 14 mai.
1203, 4 mai.

Comme je l'ai dit plus haut, M. Streit (p. 32), sans donner
de raison bien convaincante, adopte la troisième. Mais
M. Winkelman [1] et, avec lui, M. Hanotaux, rejettent la
correction *maii* pour *martii*, et se trouvent alors en présence
de trois autres dates

1206, 31 mars.
1207, 21 mars.
1208, 9 mars.

Ici, M. Hanotaux a succombé à une tentation très-périlleuse:
la souscription de la pièce n⁰ 3 porte : *fuit scripta die xviiij
saben non.* Voir dans ce *non.* l'abréviation de *nona intrante
martij* était assez naturel, et, bien que M. Hanotaux ne l'avoue
que dans une note un peu timide (p. 81), il ne niera pas que
ce *non.* a déterminé *a priori* un choix qu'il a cherché ensuite
à justifier par des raisons plus sérieuses [2].

Ces raisons sont les suivantes : la date du 9 mars 1208 rend
compte de toutes les données matérielles du quadruple pacte :
elle concorde avec ce que les historiens arabes nous disent de
Malek-Adhel en cette année; elle s'explique par la nécessité
qu'avait Venise de garantir la sécurité de ses nouvelles possessions insulaires. J'accorderais peut-être à M. Hanotaux ces trois
points, pris dans leur ensemble, et pourtant je n'accepterai point
la date du 9 mars 1208, et ceci pour un motif très-simple :
M. Hanotaux pour rendre cette date admissible, *a corrigé l'indiction dans la souscription d'une charte qui le génait*; cette charte,
— donation faite au Rialto, et à laquelle assiste Marino Dandolo,

---

[1] *Jenaer Liter. Zeit. l. c.*

[2] Il y a en effet *non.* et non pas *non.*, ce qui est une difficulté : y a-t-il
une raison de lire *nona* plutôt que *nonis?* qui donnerait une date de jour
toute différente

l'un des signataires du pacte égyptien, — est très-régulièrement souscrite

Anno MCCVII mense februarij, indictione undecima [1]

ce qui donne (la XI° indiction, devant se compter du 1er septembre 1207, et l'année 1208, vieux style, commençant à Pâques) la date précise

février 1208

et ce qui rend partant impossible la présence de Marino Dandolo en Orient, le 9 mars de la même année.

Je pourrais à cette objection péremptoire en ajouter d'autres, dont le développement ne ferait que fatiguer le lecteur : dire, par exemple, que M. Hanotaux exagère beaucoup l'importance de la guerre des Iles (1205-1207),que cette guerre de conquête ne fut régularisée que plus tard [2], qu'alors ce n'était qu'une simple piraterie, dont le gouvernement central ne prenait pas assez la responsabilité pour que le sultan pût qualifier un ramassis de corsaires d'*exercitus magnus Christianorum*; qu'enfin jamais Ziani n'en a été le chef. Mais je ne veux pas insister, et je préfère revenir aux deux autres dates du 31 mars 1206 et du 21 janvier 1207 ; ici *le sultan n'aura pas ses titres en règle*, et nous ne saurons que faire du mystérieux mot *non.* : cependant je suivrai jusque-là M. Hanotaux.

Il a lui-même rejeté la première, 1206, pour diverses raisons qu'il expose (p. 96, note 2), et j'ajouterai, pour mettre, à mon tour, en doute celle de 1207 (21 mars), devenue libre par la réhabilitation de la charte corrigée à tort, que Pietro Michiel était à Venise en septembre 1206 [3], ce qui ne nous laisse que *cinq mois* pour le voyage en Égypte des ambassadeurs vénitiens, aller et retour — temps bien court, surtout si l'on songe qu'à peine revenu d'Orient, c'est-à-dire au plus tôt vers la fin de mai, le compagnon de Michiel, Marino Dandolo, n'aura plus disposé que de quelques semaines pour aller conquérir Corfou, dont il était déjà inféodé en juillet 1207 [4].

---

[1] Taf. et Thom., t. II, pp. 47-49; plusieurs autres chartes vénitiennes contemporaines offrent la même supputation.

[2] Voir le beau travail de M. Thomas, *Commission d. D. Andr. Dandolo f. Creta* (Munich, 1877, in-4°), pp. 5 et suiv.

[3] Charte (dans les *Monum. Slav. merid.*, t. I, p. 23) datée : « 1206, mense «septembri, indictione *decima* », et qu'il faut, par conséquent, placer entre le 1er et le 30 septembre.

[4] Taf. et Thom., t. II, p. 54.

Aucune des trois dates, on le voit, ne résiste à une critique sérieuse.

M. Hanotaux termine son travail, comme je l'ai dit plus haut, par quelques considérations générales sur la politique de Venise à l'endroit du changement de direction de la croisade, raisonnant, bien entendu, avec la persuasion que les conclusions, auxquelles il vient d'arriver, sont inattaquables.

Il nous montre Venise amenée forcément par les nécessités de son commerce, à maintenir une paix perpétuelle avec les ennemis de l'Église, à renouveler cette paix par des traités conclus précisément aux époques où l'attitude de la chrétienté envers les Infidèles était de nature à compromettre des relations que la république prenait tant de soin à entretenir ; il nous montre, par contre, les défiances de l'Occident éveillées par les mille rumeurs qui transpiraient de ces transactions odieuses aux mœurs du temps, et se traduisant naturellement par des accusations [1] plus passionnées que réfléchies, dont les chroniqueurs comme Ernoul, nous ont transmis l'écho.

Sans poser la question de savoir si le véritable intérêt de Venise résidait dans ces alliances perpétuelles avec les ennemis de la foi, alliances qui lui créaient tant d'embarras en Europe ; si, obtenue par un concours loyal aux projets du Saint-Siège, une conquête solide de l'Égypte n'eût pas offert à la république des résultats matériels plus pratiques et plus durables que des alliances secrètes et fragiles avec le Croissant, si même elle ne fut pas tentée plus d'une fois, et en particulier au xiv° siècle, sous la sage influence de Sanudo [2], de renoncer à cette politique séculaire, et de revenir tardivement à celle d'Innocent III, — sans entrer enfin dans des considérations qui m'entraîneraient trop loin, — je reconnaîtrai avec M. Hanotaux que les origines de la politique commerciale de Venise excusaient jusqu'à un certain point ces alliances traditionnelles ; j'ajouterai qu'elle a su les perpétuer

---

[1] Accusations qu'il ne faut pas confondre, comme le fait M. Hanotaux (p. 76, n. 1, à propos de la levée du siége du Thoron en 1198) avec ces vulgaires calomnies qui sont la revanche ordinaire des soldats battus.

[2] Sanutus, *Secr. fid. Crucis*, lib. I, p. 1, c. i (d. Bongars, t. II, p. 22) ; Andreæ Danduli *Commissio Cretæ*, éd. Thomas, pp. 45, 51. (Prohibition du commerce avec l'Égypte en 1309 et 1322.)

du x⁰ au xvi⁰ siècle [1], les resserrant *immédiatement avant chaque croisade*, stipulant pour ses nationaux la neutralité en temps de guerre sainte « *salvi sint tempore guerre* » [2], — toujours oublieuse à l'égard des Infidèles, de ses rancunes les plus légitimes, et, au lendemain de la prise d'Acre, qui ruinait, au milieu des horreurs que l'on sait, ses antiques comptoirs de Syrie, s'empressant de mendier un traité de commerce [3] auprès de ses spoliateurs de la veille, — par contre, toujours prête à abandonner les Latins d'Orient, quand elle n'avait plus rien à en attendre « *cum potentia Gallorum evanesceret* », (pour parler le langage impudemment naïf d'André Dandolo [4]) — en un mot, n'obéissant jamais qu'à ce qu'elle pensait être ses intérêts.

Mais ce qui, dans les temps modernes, au Japon pour les Hollandais, en Turquie pour la France ou pour l'Angleterre, peut s'appeler, par euphémisne, *esprit de politique tradition-nelle*, n'avait-on pas au Moyen Age, et, en 1204 tout particu-lièrement, quand la croisade était la grande affaire de l'Europe, et que la guerre de religion par excellence passait avant *toutes* les autres, le droit de l'appeler *trahison?* — Je dis en 1204 : car ici — et je me sépare sur ce point de M. Hanotaux — doit revenir la distinction que j'ai déjà faite plus haut, et sur laquelle je ne me lasserai pas d'insister.

Si, pour les autres croisades, les Vénitiens n'étaient que les *voituriers* des croisés, et, à ce titre, peuvent, dans une certaine mesure et, quelques bénéfices qu'ils aient toujours su exiger de leurs nolisants, pour prix d'un concours tout maté-riel, être regardés comme excusables d'avoir veillé au main-tien de leurs relations d'affaires avec le monde musulman — dans la quatrième, au contraire, ils étaient, non plus de simples entrepreneurs de transport, mais bien partie prenante et, jusqu'à un certain point dirigeante dans l'expédition : c'est cette situation spéciale qui rendait coupable de leur part

[1] Voir les instructions du Conseil des Dix à l'ambassadeur envoyé en Égypte (5 déc. 1502), pour y conclure une alliance contre les Portugais. (De Gubernatis, *St. d. viagg. italiani*, pp. 393-398.)

[2] Traité de 1254 avec Malek Aïbeck (d. Mas Latrie, *Supp. aux Tr. de paix*, p. 77).

[3] Traité de sept. 1304 entre Venise et l'émir du Safed et de Saint-Jean d'Acre, au nom du sultan d'Égypte (Archiv. de Venise, *Libr. Pact.*, t. IV, f⁰ 95 v⁰), communiqué par M. de Mas Latrie.

[4] Voir plus haut, p. 34, n. 1.

toute entente, même purement commerciale, avec l'ennemi;
c'est là que pouvait être et que, si l'on en croit Ernoul, fut
leur trahison.

IV

Je viens d'analyser les théories différentes qui sont venues,
sinon combattre ouvertement, du moins chercher à ébranler
celle que j'avais développée ici en 1875. Avant de conclure
cet examen par l'exposé sommaire des résultats historiques
qu'il comporte, je demanderai la permission de revenir un
instant sur mon propre travail, pour constater l'état dans
lequel le laisse la polémique dont il a été l'objet.

J'avais poursuivi un triple but : réduire à sa juste valeur
le témoignage de Villehardouin — dégager Innocent III de
toute complicité dans le changement de direction de la croisade — prouver surtout que ce changement de direction
n'avait été qu'un épisode de la querelle entre le Saint-Siége
et l'Empire. Puis, subsidiairement, j'avais abordé et discuté
l'hypothèse d'une entente secrète de Venise avec l'Égypte.

Le premier point me paraît acquis : que l'on adopte, en
effet, l'opinion de Hopf, celle de Streit ou la mienne, sur les
causes qui modifièrent le plan d'Innocent III, l'œuvre de Villehardouin ne revêt plus aux yeux de personne le caractère d'un
procès-verbal infaillible : c'est tout ce que je voulais prouver.

Le second point a subi quelques contradictions, .mais trop
timides pour que je ne me sente pas autorisé à maintenir
qu'Innocent III n'a jamais été complice du changement de
direction, et que si, à la dernière heure, il a accepté le fait
accompli, c'était lorsque l'échec subi, grâce aux intrigues
vénitiennes, par les projets de Philippe de Souabe, avait déjà
écarté le danger que le succès de ces projets aurait pu faire courir aux intérêts de l'Église.

Enfin le troisième point — la prépondérance du rôle joué
dans toutes ces intrigues par la politique allemande — a trouvé
dans M. Streit un auxiliaire précieux, qui a fortifié mes prémisses par de nouveaux arguments, tandis que mes conclusions rencontraient ailleurs de nombreux adhérents.

Reste la question accessoire dont je ne m'étais occupé que

comme d'un hors-d'œuvre, — l'entente de Venise avec
l'Égypte : c'est là qu'ont porté les attaques les plus vives. Je viens
d'y répondre ; qu'en reste-t-il ? une date plus inacceptable
encore que celle que Hopf avait proposée, et la question
obscurcie de telle sorte que l'on se demande comment
on s'y prendra désormais, non pour la résoudre, mais simplement pour la poser de nouveau. Cherchera-t-on une
nouvelle date au quadruple traité ? mais laquelle ? Après
avoir si bien réussi à unir les quatre pièces, s'efforcera-t-on de
briser le lien qui les enchaîne toutes ensemble à six hypothèses également inadmissibles ? Mais où les placer isolément,
et que prouveront-elles ainsi séparées ? Ernoul restera d'ailleurs, et aussi le *Balduinus*, dont on ne se débarrassera plus
sans de nouveaux arguments, et ces arguments où les
prendre ? N'a-t-on pas épuisé la matière ?

Beaucoup plus sérieuses, quoique moins vives, sont les
attaques de M. Streit. Je ne reviendrai pas sur notre dissen-
timent à l'endroit de Boniface de Montferrat, et, d'autre part,
je constaterai avec satisfaction que, si M. Streit n'a pas adopté
mes conclusions relativement à Philippe de Souabe, il a du
moins éludé soigneusement la discussion des cinq textes les
plus importants, à l'aide desquels j'établissais les prétentions
du roi des Romains sur Constantinople, *avant*, *pendant et
surtout après* la quatrième croisade.

L'article des *promissa Philippi* [1] relatif à la restauration
d'Alexis IV.

La *Chronique de Novgorod* qui ne voit que lui à côté des
Latins [2].

Le passage où Nicétas nous apprend qu'il avait réclamé la
personne d'Alexis III [3].

---

[1] « *Si* omnipotens *Deus regnum Græcorum* mihi *vel leviro meo subdiderit*,
« ecclesiam Constantinopolitanam Romanæ ecclesiæ bona fide et sine fraude
« faciam fore subjectam. » (*Promissa Philippi regis papæ*, art. 7, dans les
Inn. III *Opera*, éd. Migne, t. IV, p. 29) ; cf. Inn. III *Epist.*, V, 122.

[2] Voir plus haut, p. 22, n. 2, et le passage suivant : « Franci autem certiores facti
« Isaacii filium imperio privatum esse, bello urbem circumdedere, Mur-
« zuphlum ita cohortati : « Trade nobis Isaaciden ; deinde in *Germaniam ad
« imperatorem nostrum* revertemur ; nos enim necessitate coacti huc venimus ;
« quod si feceris, tuum sit ejus regnum. » (*Chron. Novg.*, dans Hopf. *Chr.
Gr. Rom.*, p. 95.)

[3] « Καὶ τὸν δυσπαγῆ ἐν βασιλεῦσιν Ἀλέξιον... τῷ τῶν Ἀλαμαννῶν
« ἐξέπεμψεν ἄρχοντι. » (Nicétas, p. 819),

La charte où il revendique comme son bien, le butin pris à Constantinople par l'abbé de Pairis [1].

Et enfin le récit si curieux que l'Anonyme de Laon nous fait de ses tardives colères, à l'endroit de la couronne impériale qui lui avait échappé [2].

J'ai donc le droit de laisser ces cinq témoignages occuper la place considérable que je leur ai assignée dans mon travail [3].

C'est seulement à l'endroit de Venise que M. Streit a abordé franchement la discussion pour se séparer presque complétement de moi : c'est là que je dois insister.

Je n'avais évidemment pas à faire ressortir outre mesure le rôle de la république et la personnalité de Dandolo. Cependant je n'ai jamais nié un instant que Venise ait été favorable au changement de direction de la croisade, ni que le doge y ait mis la main ; je ne diffère en réalité de M. Streit que sur deux points très-faciles à circonscrire.

[1] Cette charte, qui existait encore à la fin du siècle dernier (v. Hugo, *Sacræ antiq. monum.*, t. II, p. 274), a échappé à toutes mes recherches ; mais il en subsiste, aux archives de Colmar, dans deux cartulaires, l'un du xvıᵉ siècle, l'autre compilé au xvııᵉ, par Buchinger, les cotes suivantes :

1° « Philippus Romanorum imperator, ecclesiam Parisiensem, tanquam « dilectam et peculiarem, sub regiam defensionem accepit, et preciosum reli- « quiarum thesaurum eidem confirma [vi] t, et *quicquid questionis vel* ıurıs « *super hoc sacro pignore habere sperabat,* in integrum resignavit. »

2° « Philippus Romanorum rex monasterium nostrum et nos, in protectio- « nem imperii suscipit, et sacrarum reliquiarum thesaurum, illuc a C. P. « deportatum, confirmat anno 1206. » On sait que le prix de cet abandon fut un joyau décrit par Günther (éd. Riant, p. 75 ; Cf. pp. 91-92).

[2] « Fuit quoque uxor Othonis, ex filia Isaaci, imperatoris Græcorum, unde « Philippus, dux Suevorum, dum viveret, ab Henrico, imperatore Constanti- « nopolitano, requisitus ut filiam suam ei mitteret uxorem, respondit : *Puta-* « *vitne advena ille, solo nomine imperator, filiam habere uxorem, ex utraque* « *parte ex imperatoria stirpe editam, cui etiam Orientale et Occidentale impe-* « *rium debetur jure parentum?* Post paululum subridens ait : *Verum, si me* « *imperatorem Romanum, dominum suum, velit recognoscere, mittam hære-* « *dem imperii illi in uxorem.* Nuntiis ei respondentibus se domini sui volun- « tatem nescire, res est indutiata. » (*Chron. anon. Laudun.,* d. D. Bouq., t. XVIII, p. 714.) On sait que ces ambassadeurs étaient probablement Gérard de Walcourt, et Thomas, abbé de Liessies, son frère, dont l'anonyme de Laon paraît rapporter les dires : voir *Exuviæ C. P.* præf. pp. xxvij et clxiv.

[3] A ces textes j'ajouterai les suivants, dont je ne m'étais pas servi : « In diebus ejus civitas Constantinopolitana *Theutonibus capta est.* » (*Gesta Trevir.,* édit. Wyttenbach, p. 294.)

« *Teutonici, capta C. P., regem sibi,* Flandriæ comitem, Balduinum *consti-* « *tuerunt.* » (*Ann. Stad.,* d. Pertz *SS. RR. Germ.,* XVI, p. 354.)

« Unde factum est stolium maximum apud Venetias, in quo idem Alexius « perrexit *de ducis Philippi auxilio.* » (Anon. Cajetanus, d. les *Exuviæ C. P.,* t. I, p. 153.)

1º La mesure dans laquelle Venise, représentée par Dandolo, a influé sur le détournement de la croisade — j'ai dit *qu'elle y avait pris part*, M. Streit veut *qu'elle l'ait seule dirigée*.

2º L'époque où a commencé à se faire sentir l'influence vénitienne : j'ai parlé *des conférences de Zara*, M. Streit remonte *au-delà même du pacte de nolis*.

Revenons successivement à ces deux points de divergence. Sur le premier, je ne puis que répéter ce que j'ai dit plus haut de la préoccupation de M. Streit à vouloir imposer un *actor rerum* unique au changement de direction de la croisade : il y en a eu autant qu'il y avait d'intérêts engagés dans la question, plus peut-être que je n'en ai moi-même mis en scène. Et à grandir ainsi inconsidérément la personnalité de Dandolo, n'arrivera-t-on pas plutôt à nuire à sa gloire? si surtout il vient à être établi, quelque jour, qu'en somme le rôle joué par la république en cette affaire a été plus odieux encore qu'habile, et qu'en attaquant l'empire grec, le doge, loin de garder l'article de son serment sur lequel M. Streit revient avec tant d'insistance, a trahi *l'honneur et l'intérêt de sa patrie*[1], comme il aurait trahi l'honneur et l'intérêt de la chrétienté entière par une entente avec l'Égypte.

J'aime mieux limiter l'action de Dandolo à la seconde et à la troisième partie de la croisade, alors qu'il avait acquis, sur les Latins, par l'autorité de son âge, de sa parole et de ses conseils, une influence que je n'ai jamais mise en doute. Dans ces limites, je ne demande pas mieux que de m'incliner devant une opinion dont je serai toujours le dernier à contester la valeur, celle de M. le docteur Thomas.

Quant à l'époque où Venise commença à vouloir modifier, aux dépens de l'empire grec, le plan d'Innocent III, époque que M. Streit veut placer avant la conclusion du pacte de nolis, on se trouve, si l'on adopte cette dernière hypothèse, en face du dilemme suivant :

Ou Venise ne songeait alors qu'à une simple révolution de palais à provoquer à Constantinople;

Ou elle méditait déjà la conquête et le partage de l'empire.

---

[1] « *Honorem* autem et *proficium Veneciarum* consiliabimus, tractabimus, « et operabimus bona fide, sine fraude. » (*Capit. Henrici Danduli*, d. l'*Arch. stor. ital.*, t. IX, p. 327.)

Dans le premier cas, nous sommes ramenés à rapprocher encore une fois la mesquinerie du but poursuivi — le recouvrement d'une créance de deux cent dix-huit mille francs — de la grandeur des moyens mis en œuvre et de la gravité des risques courus pour y atteindre. N'était-il pas bien plus simple pour Venise de s'entendre avec Alexis III, qui lui dépêchait des ambassadeurs en 1202 [1]? et n'est-ce pas ce qu'elle était en train de faire, un peu plus tard, par l'envoi à Constantinople de Pietro Michiel [2] — au moment où, précipités par Boniface, les événements ne laissèrent plus à la république la faculté de se soustraire à des difficultés qu'elle aurait dû prévoir?

Dans le second cas, celui d'une conquête méditée par Venise, en dehors de toute pression ou de tout concours venu de l'Allemagne, nous avons la preuve manifeste que jamais un gouvernement aussi prudent n'a pu songer à commettre une semblable folie : c'est qu'une fois la chute de l'empire consommée, Venise s'est trouvée prise au dépourvu. Elle a dû, d'abord, décliner l'honneur de voir le doge ceindre la couronne des Césars : puis ne sachant que faire de possessions immenses qu'elle ne pouvait, ni s'annexer réellement, ni conserver avec sécurité, elle en a abandonné une partie, échangé une autre, et a fini par se borner à l'établissement de postes insulaires, dont elle a confié l'occupation et la garde à une sorte de féodalité marchande, qu'il lui a fallu, en dehors des lois mêmes qui présidaient à sa vie politique, improviser dans son sein — tandis qu'à Constantinople, au cœur même de son commerce du Levant, elle a dû se contenter d'un monopole fictif, bientôt battu en brèche et finalement partagé (comme sous la domination grecque) par ses rivaux de Pise et de Gênes.

Enfin, dussé-je même renoncer à ces objections, et, mettant de côté le dilemme, dans lequel je viens de chercher à enfermer M. Streit, laisser à Venise *toute la responsabilité* DIRECTE du projet contre l'empire d'Orient, je ne pourrai m'empêcher de rappeler, que, cinq ans auparavant, Venise, jusque-là alliée fidèle ou plutôt auxiliaire salariée de l'empire, ne s'était brouillée avec Alexis III que sous la pression de Henri VI, et que, par conséquent, il conviendrait — même dans ces don-

---

[1] Zorzi Dolfin, f. 76 (d. Thomas, *Ueber die h. Ven. Chr.*, d. les *Bayer. Akad. Sitzungsber.*, 1864, t. II).

[2] Voir plus haut, p. 20, n° 2.

nées extrêmes — de faire remonter à la politique allemande, la *responsabilité* INDIRECTE des événements de 1204.

Si maintenant, revenant sur toute la polémique que je viens d'exposer, je cherche à dresser le bilan des résultats pratiques, qu'elle peut revendiquer, je constaterai qu'il doit en ressortir, d'abord une conclusion générale, que M. Hanotaux a bien formulée dans le compte rendu très-sage qu'il vient de faire du travail de M. Streit [1] : c'est que *le changement de direction de la quatrième croisade n'est pas dû à une seule et unique influence, s'exerçant isolément, mais à la résultante de plusieurs forces, représentant les intérêts divers qui se trouvèrent en jeu dans les événements de 1202-1208.* Venise, à cause des nécessités de son commerce, Philippe de Souabe, par politique traditionnelle, Boniface en raison des prétentions des Montferrat en Orient, le clergé latin (sinon Innocent III personnellement), leurré de l'espérance illusoire d'une union entre les deux Églises, peut-être enfin Philippe-Auguste, dont le rôle demanderait à être étudié de plus près [2], doivent garder chacun leur place distincte dans ce grand conflit d'ambitions — la théorie de l'accident étant, bien entendu, mise hors de cause.

De faits acquis d'une façon indiscutable, il y en a peu, je dois le dire, et deux seulement me paraissent démontrés sans espoir de revanche : c'est d'abord la partialité de Villehardouin, et, en second lieu, l'irresponsabilité d'Innocent III et l'ingérence de Philippe de Souabe dans le détournement de la croisade.

---

[1] *Revue critique*, 1877, t. I, pp. 318-319 (n° du 18 mai).

[2] Sur ce rôle il faut lire le passage suivant de Roger de Hoveden : « Eodem « anno (1200), Margaritus, dux piratarum, quem Henricus Romanorum impe- « rator excæcari fecerat, venit Parisius ad Philippum regem Franciæ, *et « obtulit ei quod,* si ipse consilio suo adquiesceret, *faceret eum imperatorem « Romanorum, vel* IMPERATOREM CONSTANTINOPOLITANORUM, *utrum si eligeret.* « *Cui rex Franciæ facilem præbens assensum, præparavit itineri suo neces- « saria,* in equis, et armis, et curribus et supellectilibus. Et Margaritus, a « rege Franciæ recedens, ut præpararet promissa, mandavit per universos « portus suæ dominationis, quod omnes galeæ suæ convenirent apud Brundu- « sium in occursum ejus : sed cum ipse Romam veniret, a quodam serviente « suo, quem ipse male tractaverat, interfectus est. Et tali casu interveniente, « rex Franciæ a desiderio suo fraudatus est. » (Rog. de Hov., éd. Stubbs, t. IV, pp. 121-122.) Cf. Streit, p. 25, et *Revue des questions historiques*, XVII, p. 348, n. 7, et XVIII, p. 20, n. 2. Richard Cœur de Lion avait aussi pensé à cette conquête (Ernoul, p. 133).

Les autres points des débats — direction exercée par Boniface au nom du roi des Romains — rôle exclusif de Venise et de Dandolo dans les événements de 1202 — entente avec l'Égypte — demanderaient, avant d'être admis définitivement ou rejetés sans appel, à être abordés, examinés et discutés encore une fois. Mais comment? tous les textes connus ont été passés en revue; construire, à l'aide d'inductions nouvelles, de nouvelles hypothèses? L'exemple de Hopf, à qui sa compétence hors ligne sur ces matières n'a pas évité la chute posthume que l'on sait, n'est point fait pour y encourager.

Est-ce à dire qu'il faille renoncer désormais à traiter ces questions intéressantes, et se contenter des grandes lignes historiques que nous offrent, sur la matière, les essais à l'usage des gens du monde et les manuels du baccalauréat? Non évidemment, mais il faut se reporter aux conditions particulières qu'offrent à ceux qui veulent s'y livrer les études relatives aux croisades. Placées, en effet, à égale distance des temps obscurs du premier moyen âge et de la période moderne, les croisades passent alternativement, et comme au hasard des faits, de la stérilité des âges antérieurs à la richesse des époques voisines de nous, et nécessitent l'emploi intermittent des procédés spéciaux à l'histoire, soit des premiers, soit des secondes. Elles offrent de plus cette difficulté, qu'appartenant à la fois, mais indirectement, aux annales respectives de tous les pays divers qui y ont pris part, elles ne présentent presque jamais à l'historien, qui veut en entre prendre l'étude, l'aide qu'il trouverait, pour l'examen de faits purement nationaux, dans les travaux antérieurs des érudits de chacun de ces pays, et le forcent au contraire à aborder directement — et non sans passer à chaque instant d'un peuple et souvent d'une langue à une autre — la compilation et la critique des matériaux originaux qui lui sont nécessaires.

Ces difficultés ont écarté plus d'un travailleur sérieux : on se contentait en France, et l'on se contente encore aujourd'hui de Michaud, l'un des livres d'histoire les plus médiocres qu'ait jamais enfantés notre littérature.

Les travaux de recherche, d'examen et de classement des manuscrits relatifs aux croisades, aussi bien que la bibliographie et la critique des sources imprimées, sont encore à faire presque entièrement; les chartes sont perdues dans des

recueils où elles gisent ignorées et le plus souvent mal datées ;
les itinéraires des princes chrétiens et arabes qui ont pris part
aux événements ne sont pas établis. Jusqu'à ce que toutes ces
élaborations préliminaires soient terminées ou du moins suffisamment avancées, toute étude de longue haleine, sortant de
limites chronologiques très-étroites, ne pourra être utilement
abordée, et il faudra se contenter de suivre avec modestie et
persévérance l'œuvre ingrate de publication des textes, à
laquelle ont su se borner des érudits aussi éminents que Du
Cange ou Martène.

Si maintenant des croisades en général je passe à la quatrième en particulier, je trouve que nous ne possédons encore
qu'une faible partie des matériaux dont nous devrions dispo-
ser [1] : Venise, qui nous fait assister à l'aurore d'une véritable
renaissance historique, dont l'*Archivio storico veneto* est l'organe autorisé, n'a pas encore pris la parole dans la question.
Qui dit qu'elle ne tirera point de ses archives publiques ou
privées, de nouveaux documents, aussi importants que la charte
de Ljubic ? Les chroniques vénitiennes commencent à peine
à être soumises à une critique intelligente : il n'y a que quelques mois, qu'étudiant les sources d'André Dandolo,
M. Simonsfeld a découvert que tous les passages relatifs à la
quatrième croisade, contenus dans ce chroniqueur, devaient
être reportés à Paulin de Pouzzoles [2], auteur plus ancien.

Parmi les Arabes, Abu Schâmah viendra contrôler Abulféda, à
qui l'on peut reprocher d'être encore, pour les affaires musul-
manes de cette époque, le *testis unus, testis nullus* du proverbe.

Avec des matériaux plus nombreux et meilleurs, on pourra
alors refaire, avec plus d'autorité, le travail chronologique de
M. Klimke, et aborder, avec plus de hardiesse, des problèmes
qu'une différence de mois, et souvent de jour, peut faire résoudre tantôt par la négative et tantôt par l'affirmative.

Je sais bien que, dans les questions qui, comme celle du
changement de direction de la croisade, ont eu le malheur
d'être traitées, dès le principe et prématurément, d'une façon
trop passionnée, l'attitude que chacun a été forcé de prendre
dans la discussion, rend plus tard l'impartialité bien difficile,

---

[1] Voir *Exuviæ C. P.* præf., pp. xxiij-xxxv.
[2] H. Simonsfeld, *Andreas Dandolo und seine Geschichtwerke* (München, 1876,
in-8°), pp. 115-120.

et que — publiât-on cent textes nouveaux — il pourra se faire
qu'aucun ne soit trouvé décisif, tant est commode le procédé
qui consiste à mettre en doute l'authenticité d'une pièce
gênante, à changer une souscription qui embarrasse, à dimi-
nuer la valeur d'un témoignage, en l'accusant de partialité, et
rejetant, par exemple, tout texte génois hostile à Venise, et
tout texte vénitien défavorable à Gênes.

Cependant il est certain que, pour se battre, il faut des muni-
tions, et qu'au point où en sont parvenus les débats, les arguments font défaut. En ce qui me concerne, j'attendrai, pour rentrer dans la discussion, qu'il se produise d'autres documents,
et je me garderai de revenir, encore une fois, tourner dans
un cercle qui me semble, pour le moment, sans issue.

Note complémentaire de la page 24.

Cette contrebande reprit de plus belle quelques années plus tard (*Consti-
tutions de Boniface VIII*, 12 mars 1295, d. Mas Latrie, II, 92-93). Voici ce qu'en
disait, en 1315, frère Guillaume d'Adam, dominicain, qui avait passé toute sa
vie à parcourir l'Asie, et mourut archevêque de Sultaniah :

« Primo igitur ministrantur necessaria Sarracenis per mercatores........,..
« Venetos.,.... Ad quod sciendum quod Sarraceni Egipti non habent ex se
« ferrum, nec ligna, nec picem navalem, nec pannos laneos ad induendum,
« nec oleum, vinum, nec bladum interdum ad comedendum, nec sufficienter
« homines ad eam inhabitandum ; set per predictos mercatores, ministros
« inferni, falsos christianos, hec omnia ministrantur et tam habunde, ut ali-
« quando de hiis in Alexandria Egipti, que ad hoc portus et porta damp-
« nacionis est, tanta habundantia habeatur, ut pro parvo precio et quasi pro
« nichilo habeatur. Portatur ergo eis ferrum et omnia que de ferro fiunt, ut
« sunt gladii, lancee, ferra iaculorum et telorum, lorice, galilee (*sic*) et alia
« que necessaria esse possunt ad invadendum christianos, vel eisdem resi-
« stendum, si passagium esset, vel ad defensionem propriam et munimen,
« ita quod ut si hec per illos, ut premittitur, non portarentur in Egiptum, non
« invenirentur in ea lancee, nec ligones. Portantur eciam ligna ad domifi-
« candum, aste pro lanceis, pro sagittis, pro iaculis, buxum et alia ligna
« apta pro arcubus et balistis, tabule pro galeis, navibus et lignis pirraticis,
« et eciam ipsimet christiani, nequiter talia vasa eisdem Sarracenis compo-
« nunt et fabricant et fabricare insuper eos docent, vel huiusmodi vasa iam
« facta in hiis partibus eis vendunt, que Sarraceni a seipsis haberi nequeunt,
« nec fabricare sciunt; et, quod horrendum est, se eis iungunt ad exequen-
« dum navale officium et piraticum ad expoliandum christianos vel eciam
« captivandum. »

(Guillelmi Adæ, *De modo extirpandi Sarracenos*, ad Raimundum Guilhermi
de Fargis, cardinalem, Clementis V ex sorore nepotem — Cod. Basil. A I 28,
ch. s. xv, in-fol., f. 233 b.)

La plupart des auteurs de projets de croisades répètent les mêmes plaintes;
voir surtout Héllan de Vercell, d. Freher-Struve, *SS. RR. G.*, II, 528.

9 782016 159903